读信·读心

高中生心理读本

孙晓青　著

安徽师范大学出版社

图书在版编目(CIP)数据

读信·读心:高中生心理读本 / 孙晓青著. — 芜湖:安徽师范大学出版社,2017.6(2022.6重印)

ISBN 978-7-5676-2766-6

Ⅰ.①读… Ⅱ.①孙… Ⅲ.①高中生 - 心理健康 - 健康教育 Ⅳ.①G444

中国版本图书馆CIP数据核字(2017)第052391号

读信·读心——高中生心理读本　　孙晓青　著

DUXIN DUXIN GAOZHONGSHENG XINLI DUBEN

插　　图:张夕洋　吴　恒　鲁俊灵
封面题字:汤道炳
封面设计:吴　恒
版式设计:赵志文
责任编辑:祝凤霞　何章艳
出版发行:安徽师范大学出版社
　　　　　芜湖市北京东路1号安徽师范大学赭山校区
网　　址:http://www.ahnupress.com/
发 行 部:0553-3883578　5910327　5910310(传真)
印　　刷:阳谷毕升印务有限公司
版　　次:2017年6月第1版
印　　次:2022年6月第6次印刷
规　　格:700 mm×1 000 mm　1/16
印　　张:14.5
字　　数:239千字
书　　号:ISBN 978-7-5676-2766-6
定　　价:39.80元

如发现印装质量问题,影响阅读,请与发行部联系调换。

序一

1879年，德国心理学家威廉·冯特在莱比锡大学建立了第一个心理学实验室，标志着心理学成为一门独立的学科。在过去的一百三十多年里，心理学神秘的色彩渐渐隐去，今天的心理学正日益走进并融入人们的现实生活，对社会的贡献越来越大。在我国，心理学的发展，从来没有像今天这样得到社会关注，令世人瞩目，让百姓受益。特别是心理学在心理健康、精神卫生等领域的研究及其作用，已成为心理学发展最富有生机和活力的生长点，也是心理学促进经济社会发展、提升广大人民群众生活质量最具显示度的窗口。2016年3月发布的《中华人民共和国国民经济和社会发展第十三个五年规划纲要》（下文简称《“十三五”规划》）涉及“心理”的内容有四处，明确提出要全面加强学生心理健康教育，加强未成年人心理健康引导，加强国民心理健康服务，健全社会心理服务体系，等等。《“十三五”规划》充分体现了国家对心理健康的重视，也反映了广大人民群众对幸福生活的追求和向往。

哲学家叔本华说，一个健康的乞丐比患病的国王更幸福；教育家洛克则强调，若没有健康，就没有幸福。也许健康不等于幸福，但是没有健康就难以幸福，而没有心理健康肯定不会幸福。教育是生命对生命的影响，是心灵与心灵的沟通。健康可以教育，幸福需要指引。教育不仅要关注学生的身体健康，还要高度关注学生的心理健康，这涉及他们的生活幸福，也关乎国家的未来。学生的健康、快乐和幸福应是教育的基本追求和终极价值，今天的教育和学校任重道远。

《读信·读心——高中生心理读本》一书系上海市上南中学孙晓青老师撰写的心理辅导读本。全书的内容来源于作者在河南省《中学生阅读》杂志主持的“青春卡片”专栏文章。书中汇集了五十多封全国各地高中学生写给孙老师的信及孙老师给予他们的回复。对于这些高中学生的心理困惑，孙老师通过心理小故事、小贴士娓娓道来，并启迪学生思考，让他们学会自助。每个案例篇幅虽小，但颇有滴水藏海之意，读来精致隽永，内涵深刻。阅读本书可以当作是一次愉快的精神旅游或心灵沐浴。作者设身处地从青少年伙伴的角度出发，给予学生学习方法指点、方向目标确定、友情恋情解读、抗压能力增强、关键考试冲刺等方面的帮助，增强学生的心理弹性，培育阳光心态。

《读信·读心——高中生心理读本》一书行文生动有趣，每个案例都具有一定的典型性和很强的可读性。作者以简约的文字叙述辅导案例，融教育性、哲理性和智慧性为一体，短小精致，生动活泼，可以称之为“5分钟心理辅导故事”。通过阅读本书，广大高中学生可以达到心理健康理念中自助助人的目的，老师和家长也可从中读懂青春期孩子的心声，找到开启孩子心灵的那把钥匙。

孙晓青老师，是上海市上南中学专职心理教师，教育硕士，国家二级心理咨询师，浦东新区心理学科带头人，华东师范大学心理与认知科学学院本科生兼职导师。她从事中小学心理辅导工作二十年，有非常丰富的实践经验，也有全面深厚的学术素养。这本《读信·读心——高中生心理读本》，既是她在中小学心理健康教育领域探索的重要成果，也是对她在中小学心理健康教育工作一线不懈追求的褒奖。祝贺她，更期望她在中小学心理健康教育的道路上越走越远，取得更加辉煌的成就。

教育部中小学心理健康教育专家委员会委员
安徽师范大学教授

2016年8月16日

序二

有幸能在第一时间读到孙晓青老师的新作《读信·读心——高中生心理读本》。多年来，孙老师作为《中学生阅读》杂志“青春卡片”专栏作者，通过一个个经典的故事，结合心理学知识，以她的真诚和睿智，解答了处于青春期的中学生提出的许多烦恼与困惑。

孙老师：您好！我是一名高一学生，现在每天都学不进去，成绩一路下滑，刚开始还计划好好学，可现在越来越堕落了。我已经看了三星期的小说，从早到晚，完全听不进去课，完全控制不住自己。我想补这一学期所学的主要内容，也列了计划，可我一个字都看不进去，几天又过去了，什么都没学……我都快精神分裂了，每天无精打采，朋友们帮不到我，老师也不关注我，我该怎么办？

孙晓青老师：您好！我是一名高三学生……高三以来，我的脾气变得更加差劲了。我很不喜欢那些虚伪的谈话，他们每天表面上笑嘻嘻的，可一转身恨不得使出浑身解数算计对方。我对人喜欢就是喜欢，不喜欢就是不喜欢。有几个玩得好的哥们儿说我需要多跟人沟通，不要整天板着脸，可我面对那些人就没有说话的兴趣。我感觉自己得了人格分裂症，我不想这样下去，不知道孙老师有什么好的建议。

孙老师：您好！我是一名高三学生，面对即将到来的高考不是很害怕，但每周的小考让我很头疼！因为每次考试都会出现不利于考试的种种症状，例如，头疼、考前感冒、焦虑、无法入眠等。我很担心在高考前也会出现类似的情况，咋办？请老师帮帮我。

……

我们知道，面对快速发展的世界和激烈竞争的社会，每个人都可能会有心理上的障碍，特别是处在青春期的中学生，面对紧张的学习和生活，更容易产生恐慌和焦虑。比如上面列举的发生在学生中的烦恼和困惑，如果不能及时疏导，不仅会直接影响他们的学习和生活，还会给他们今后的人生带来更大的问题。

值得欣赏的是，对于这些问题的回复，孙老师不是简单地说教，而是以她多年来从事心理学教学与咨询的经验，以她对学生的拳拳爱心以及助人自助的理念，帮助这些处在困惑中的学生，让他们一个个走出阴影，解决了他们成长中的烦恼。

值得欣慰的是，孙老师能够在繁忙的教学和咨询中，对这一个个案例进行认真的整理、分类并汇集成书，分享给更多的中学生，帮助他们解决自身的困惑。因此，当你遇到学习、生活和心理上的烦恼时，请你翻开这本书，这里有孙老师的循循善诱，这里有解开你困惑、减轻你烦恼的故事，你一定会受到启发，进而豁然开朗。

如果你放过风筝，那么会有这样的经历：有时你能快速地让它飞上蔚蓝的高空，你只需牵着线一动不动；有时你花了一点时间让它飞在半空，飞高了就停停，飞低了就走走，大体上还算轻松；有时你只能让它挣扎于低空，自己还得牵着线不停地奔跑，即使这样它也难免跌落，而你无奈地面对苍穹……

人生犹如放风筝，有时会比较顺利；有时会遇到困难，努力一下也会过去；有时就会遇到坎坷，仅仅依靠自己的力量往往难以跨越，这时就需要借助“风”的力量，才能迈过这道坎，从而在空中翱翔。我相信，放风筝的孩子，他们都会想象，离开地面，像风筝那样，朝着天空飞翔，这是每一个青春生命的向往。但是，金色的梦里虽然有过风筝的向往，可它往往未曾跨越蓝天，就已跌落在绿色的季节、青春的路旁。愿《读信·读心——高中生心理读本》这本书能给拥有青春梦想的花季、雨季少年插上一对翅膀，让他们能像高飞的风筝那样，在蓝色的天空中自由地飞翔。

上海市中小学心理辅导协会副理事长

上海市中小学心理健康专业委员会主任

上海市上南中学校长

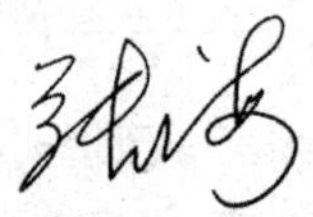

2016年8月14日

目录

Contents

第一辑　点石成金

第二辑　活出真我

第三辑　沟通有方

第四辑 花季雨季

第五辑 探骊得珠

第六辑 逆风飞扬

是收获的旅行，
为我们解决学业困惑提供参考路径；
是床头的读物，
为我们抹去生活烦恼心安入眠；
是温馨的叮嘱，
为我们走出情感泥淖厘清思绪；
是远航的心灯，
为我们的发展拨开迷雾指明方向。

人生在勤，不索何获。

——张　衡

第一辑　点石成金

作为学生，尤其是高中生，学习乃首要任务。本辑针对学生来信，帮助他们制订学习计划，找到学习方法，激发学习动机，确立学习目标。希望每一位高中生都能让生命中的每一天充满知识的光辉，用勤奋这条神奇的线串起无数知识的珍珠。享受高中生活，从热爱学习做起。

静心寻找
灯火阑珊处的学习方法

孙老师：

您好，我每周都去听专家讲课，在那个课堂上听一听、练一练感觉挺有用，但回到教室后就感觉是两重天。一天的作业对于我来说量有些大。每天最后一节课写作业，作业是写完了，但总感觉不是很踏实，有时感觉自己像是在赶作业。专家讲的学习方法因为一天的忙碌而没有落实到学习中，也因为这样，我的弱科根本没时间补。请您告诉我，我该怎么办。拜托您了！

紫色冰

紫色冰同学：

你好！收到来信，感觉你现在的困惑比较多，值得欣喜的是你想要改变的愿望很强烈，老师深受感动。读你的来信让我想起这么一个故事：有一天，一个工人在仓库搬运货物，一不小心把手表弄丢了，到处找都找不到。后来同伴也加入了寻找的行列，大伙儿翻箱倒柜，仍然一无所获，无奈只好沮丧地回去吃午饭。这时候，有个小男孩偷偷溜进仓库里，没费多少力气和时间就把手表找到了。人们诧异地问他是怎么找到的。小男孩回答道："我只是躺在地板上，保持安静，马上就听见手表的滴答声了。"

偌大的一个仓库，要找一块小小的手表确实不大容易。但是，那么多人办不到的事情一个小孩子却办到了，那么多大人费了那么大的劲没有寻到手表，小孩子没费多大的事就轻易地找到了，真是"踏破铁鞋无觅处，得来全不费工夫"！这其中有什么秘诀？其实十分简单，仅静心而已。那么多人寻找手表，心急火燎，慌里慌张，根本就静不下心来，怎么可能达到目的？那个小孩子则完全不同了，他一个人去找，没有什么人委托他，也不是什么特别的任务，思想上没有什么压力，自然心态平和，能细心观察，冷静思考，最后没有费多大的劲就如愿以偿了。

通过这个故事，我想说的是：当务之急，你要静下心来找到适合自己的学习方法。无论是外面的专家讲课、做练习，还是自己学校老师的讲课、做作业等，肯定是适应和能够满足大部分学生复习考试要求的，对你也一定是有启发和帮助的，就如你信中说的"在那个课堂上听

一听、练一练感觉挺有用”。但同时每个个体在学习过程中都有自己的一些问题，而你缺乏的是像故事中的小男孩那样静下心来反思自己的学习问题和方法，缺乏的是将外面专家们所讲的学习策略迁移到自己目前的学习过程中的能力。如果只是疲于应付作业，听归听，做归做，那么再好的学习方法也是白搭，就如你自己的感觉那样：虽然赶完了作业，但心里还是不踏实。所有的学习理论、学习策略和学习方法都必须经过自己实践的检验，所谓“实践出真知”就是这个道理，否则只能是“纸上谈兵”，对吗？

再给你讲一则小故事：

雨后，一只蜘蛛艰难地向墙上已经支离破碎的网爬去，由于墙壁潮湿，它爬到一定的高度，就会掉下来。它一次次地向上爬，一次次地又掉下来……

第一个人看到了，他叹了一口气，自言自语：“我的一生不正如这只蜘蛛吗？忙忙碌碌而无所得。”于是，他日渐消沉。

第二个人看到了，他说：“这只蜘蛛真愚蠢，为什么不从旁边干燥的地方绕一下爬上去？我以后可不能像它那样愚蠢。”于是，因为思考，他变得聪明起来。

第三个人看到了，他立刻被蜘蛛屡败屡战的精神感动了。于是，他变得坚强起来。

故事中的第二个人改变思维方式，第三个人学会坚强，这是否值得我们学习呢？古人说过“学而不思则罔”，忙碌而不思考，只能是低水平的重复，学习成绩和学习效果上不去便会令自己感到困惑，还会导致自己的薄弱学科没有时间去弥补。所以，现在老师希望你能够尽快地找到解开自己困惑的那把钥匙，挤出时间、腾出精力在薄弱学科上寻求突破，这有助于大大提高你的学习自信心，让你体验到学习成功的快乐，这对目前的你来说很重要。相信“众里寻她千百度，蓦然回首，那人却在灯火阑珊处”的学习境界你一定会达到并且体会到。

小贴士 学习问题之自我评价

每一个学习不良者并不一定真的了解自己的问题之所在，要想对症下药，解决问题，对学习问题进行自我评价便显得尤为重要。学习问题自我评价主要从如下几个方面进行。

1. 时间安排问题。

（1）是否很少在学习前确定明确的目标，比如要在多长时间里完成多少内容。

（2）学习是否常常没有固定的时间安排。

（3）是否经常拖延时间以致作业都无法按时完成。

（4）学习计划是否只在开头的几天有效执行。

（5）一周学习时间是否不满 10 小时。

（6）没有把所有的时间都花在学习上。

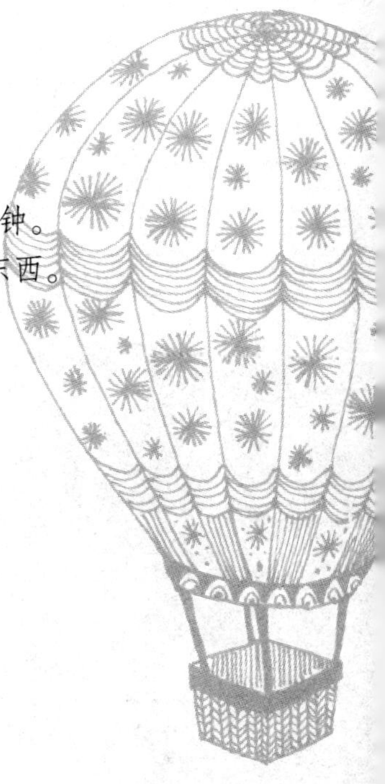

2. 注意力问题。

（1）注意力完全集中的状态是否只能保持 10 至 15 分钟。

（2）学习时，身旁是否常有小说、杂志等使你分心的东西。

（3）学习时是否常开小差。

（4）是否经常边聊天边学习。

3. 学习兴趣问题。

（1）是否一见书本头就发胀。

（2）是否只喜欢文科，而不喜欢理科。

（3）是否经常需要强迫自己学习。

（4）是否从未有意识地强化自己的学习行为。

4. 学习方法问题。

（1）是否经常采用题海战术来提高解题能力。

（2）是否经常采用机械记忆法。

（3）是否从未向学习好的同学讨教过学习方法。

（4）是否从不向老师请教问题。

（5）是否很少主动钻研课外辅助读物。

一般而言，回答上述问题，肯定的答案（回答“是”）越多，学习的效率越低。每个有学习问题的学生都应从上述四类问题中找出自己的主要毛病，然后有针对性地加以改正。

心中无“数”和心中有“数”

孙老师：

您好！我的数学成绩有点差，每次考数学我都有些紧张，本来的水平也发挥不出来。最近多做了些题，情况有好转，但还是没有解决根本问题。请问怎样才能消除考数学就紧张的问题呢？

明 明

明明同学：

你好！从来信中我感受到目前的你被数学困扰的焦虑。你在信中说："我的数学成绩有点差，每次考数学我都有些紧张，本来的水平也发挥不出来。最近多做了些题，情况有好转……"首先，老师想知道你的参照体系，你说数学成绩有点差是和谁比较？和班上数学成绩特别好的同学比较，还是和数学成绩一般的同学比较？如果比较的结果"长了他人的威风，灭了自己的志气"，老师觉得还不如不比。我的建议是只和自己比较，今天比昨天多解决了一道数学难题，就应该为自己鼓掌喝彩。每次考数学都有些紧张，看来是心态问题。我在标题中写到"心中无'数'"，意思是把数学与其他学科一样对待，那应考时就会拥有一颗平常心，你本来有的水平就可以正常发挥出来。"最近多做了些题，情况有好转"，说明你至少找到了一个提高数学成绩的方法——多做习题。熟能生巧，量变积累到一定程度自然会引起质变。"但还是没有解决根本问题"，让我感觉你还没有做到心中有"数"。这里指的是你自己还不清楚自己数学不够好的症结到底在哪里。

这让我不由得想到了自己的高中生活。因为我曾经也像你一样，因为自己的数学成绩而陷入长时间的烦恼。刚进高一的时候，我仗着初中的底子，数学成绩还是可以的，随着高中数学内容的加深，我的分数变得越来越不像话，经常是五十多分。这样的结果让那时候的我难受、纠结，同时倍感焦虑：想象不出自己到底会考出什么样的高考成绩。

众所周知，数学是很多学科的基础，不仅决定高考总分，而且会给自己将来在大学里选择专业带来影响。因为有过亲身经历，所以我特别能够理解现在的你，但无论如何，我们都要想办法去克服。请尝试做到以下几点，或许会对你做到心中有"数"有所帮助。

1. 查找自己考数学心理紧张的原因。

一般来说，数学成绩不好有这样一些原因：

（1）上课听不懂。
（2）上课光顾着记笔记，没理解。
（3）笔记记不下来没办法及时复习回顾。
（4）听懂了，但是遇到题目不会做。
（5）听得懂，也会做题目，但考试考不好。
（6）上课走神，根本没听进去。
（7）基础知识不扎实。
（8）数学公式不会灵活应用。
……

只有找到你的问题所在，才可以寻找解决问题的那把钥匙，对吗？因为你的信写得过于简单、笼统，老师无法有针对性地给予建议，但能够找到原因是问题之关键，你可以仔细对照以上几条分析一下，从而做到心中有“数”。

2. 在人际理解与沟通上获得支持。

你可以在课余时间经常与数学老师沟通、交流，从数学老师那获得方法指导。人际交流可以增进了解，可以取得信任，也可以更多地了解老师的教学方式、授课特点，以便你更好地适应他们。“亲其师，信其道”是颠扑不破的道理。当你越来越喜欢数学老师之后，对数学的胆怯心理就会有所减弱。

除了请教老师之外，你还可以多与班上的数学“达人”交往，请教他们学习数学的方法，询问他们遇到难题时的解题步骤、思路等，使自己获得启发。也可以与近一阶段来数学进步比较大的同学多探讨，询问他们是如何取得进步的，看看他们的好方法是否可以应用在自己身上，同样取得效果。

另外，你还应该多与家人沟通，因为有时候家长对你成绩起伏过分关注，他们的急躁心理会加重你的焦虑。如果你经常与家长沟通，把你的焦虑及改进措施一一告诉他们，获得他们的理解，那么你起码在家里能感受到温暖，不会因为一两次的数学成绩不如意导致情绪不良而迁移到其他学科的学习上。

3. 积极的自我暗示。

每次期中、期末考试等比较重大的考试来临时，都对自己的数学成绩制定一个目标分数。这个分数一定要高过自己平时的正常水平，从而给自己一些积极的自我暗示。这是老师在学生时代克服数学焦虑的有效方法。当时的我每逢考试，其他学科均不担心，唯独数学总让我惴惴不安。如果数学分数高，我的总分就会名列前茅；如果数学分数考砸，一下子名次就会掉下来。所以在把知识点认真梳理、复习之后，临考前几天，我总会在文具盒醒目的地方写上本次考试我希望达到的数学分数，只要一打开文具盒就能看到，时刻提醒我，这次我一定能考好、能实现目标。长期坚持并取得成效的话，会强化这种自我激励的效应。

希望你尝试应用老师给你的几点方法去克服数学学习的紧张焦虑情绪。当你亲近了数学老师，当你掌握了数学学习方法，当你发现了数学之美后，你就会享受数学解题的过程，增强学好数学的自信。最后祝你成功！

小贴士 网络时代学习数学的若干办法

1. 学会检索、阅读思考。比如在网上搜索关键词“向量”，可以得到相关的信息：向量的定义，向量在历史上的发展，“向量”一词来自力学，最早使用有向线段表示向量的是英国科学家牛顿，等等。再通过阅读教材，了解课本中介绍了哪些概念，定义是什么；思考概念之间的关系，并把它们进行整理，形成概念体系……通过网络检索，尝试着完成自我学习并预设好问题，这样可以在听课过程中有针对性地予以解决。

2. 充分利用一些网站上的数学教师魔灯、教案、课件、微视频等，提前预习学习内容或者课后复习，这不失为网络时代学习数学的一个好途径。如果你遇到解决不了的问题，可以在线上重新温习一遍课堂上的学习内容，辅之以自己的思考、理解，或者求助老师以便解决问题。另外，还可以利用网络“交互学习”来检测自己的学习效果，实现自我评价。

3. 翻转课堂将讨论和交流（协商）作为两大利器，教师在课中的答疑解惑是翻转课堂的关键环节。利用翻转课堂的模式，把数学作业带到课堂上做，对于重点、难点、不会做的题目，或与同学交流探讨，或请教老师当堂解决。这种线上、线下相结合的学习方法，会使学习效果大大提高。

垫『砖头』和找『马蝇』

孙老师：

您好！我已经上高三了，学习上努力过无数次，也失败过无数次，也许是所谓的理想支撑我到现在。我告诉自己，现在没成绩不要紧，别急，别急，高考才是见分晓的时候呢。可是我心里真的没底，担心再次失败，我该怎么办？

心灵百合

心灵百合同学：

你好！收到你的来信，看到你到高三才开始真正地焦虑和着急，老师也不免要为你捏把汗了。我不清楚你来信中说的"学习上努力过无数次，也失败过无数次"是什么意思？你是怎么努力的？这个失败主要指的是学习成绩的失败，考试名次的靠后，还是你努力了无数次，一次都没有体验到学习成绩有所起色而带来的成功？……假如果真如此的话，首先老师倒是要表扬你的执著和韧性了。其次，你确实需要找到学习的问题所在：学习基础薄弱？学习方法不当？学习能力不够？……按你自己的说法，"是所谓的理想"支撑你到现在。这里我想说的是：理想真的很重要。尤其对于一位高三学生来说，你的理想一定要十分明确：考上理想的大学。"合抱之木，生于毫末；九层之台，起于垒土；千里之行，始于足下。"只要你有理想，不怕寂寞，不怕失败，总有成功的那一天！

还是让我先给你讲个小故事吧：

郝辛大学毕业两年了，在一所偏远的小镇当教师，工作干得一塌糊涂，他喜欢的写作也毫无起色，想跳槽也没有成功，总之失败的阴影一直挥之不去。一天，学校开运动会，这在文体活动极其贫乏的小镇，无疑是件大事。来观看运动会的人里三圈外三圈，密不透风。郝辛来晚了，站在人墙外，踮起脚也看不到里面的热闹场景。这时，身边一个很矮的小男孩吸引了郝辛的视线，只见他一趟趟从不远处搬来砖头，在高高的人墙后耐心地垒着一个台子，一层又一层，足有半米高。终于，男孩登上自己垒起的台子看到了精彩的比赛场景。当小男孩冲郝辛粲然一笑时，那成功的喜悦和自豪的表情，深深地印在了郝辛的脑海中。刹那间，郝辛的心被震了一下——多么简单的道理，只要在脚下多垫一些砖头，那么你渴望看到的风景，你想要摘到的挂在高处的果实，就可以实现了。

联想到你现在的高三学习，只要你有理想、有目标，给自己多垫一些实现理想的“砖头”，远处的风景一定可以看到。

还有一个故事。美国总统林肯曾经对身边的工作人员说：“在农村的朋友，一定知道什么是马蝇吧。有一次，我和我的兄弟在老家肯塔基的一个农场犁玉米地，我牵马，弟弟扶犁。那匹马很懒，犁的速度很慢，但有一段时间它却突然跑得很快，连我都差点追不上，我很纳闷。结果到了尽头我才发现，原来是一只很大的马蝇叮在它的身上。被马蝇叮着很难受，马想要摆脱，只能快跑。所以，我们想要一个人或者一个部门提高工作效率的话，要善于找到那只马蝇。”这个故事告诉我们：许多人甘于平庸，是因为缺乏动力，但当你的身上一直有“马蝇”叮着，可能你就会快马加鞭，提高效率。高三阶段，我相信你身边同学个个都在努力，“马蝇”会很多，和同学们比学赶超，这样你既有理想、目标，又有学习的动力，高考才真的是见分晓的时候，对吗？最后祝你在高三阶段能够一次次体验成功，最终在高考中收获梦想！

小贴士 确立合理学习目标的原则

确立合理的学习目标，主要在于使学习任务具体化、系列化，使学习任务具有质与量的规定性、实施评价的程序性。因此，要合理确立学习目标，应遵循以下几条原则：

1. 从实际出发的原则。

从实际出发是合理学习目标本身所要求的。要合理确立学习目标，还要从主客观实际出发，既知己所长，也知己所短。那么应从哪些实际出发呢？大致可以归纳为如下几点：一是学校培养目标的总体要求，二是各学科的基本要求及特点，三是自己的文化基础和经验水平，四是自己可能利用的时间和精力，五是自己具有哪些有利条件和不利条件，等等。

2. 分层渐进的原则。

如果像俄国伟大作家托尔斯泰说的那样："要有生活目标，一个月的目标，一个星期的目标，一天的目标，一个小时的目标，一分钟的目标，还得为大目标牺牲小目标。"只有这样，才容易逐渐接近目标，获得预期的收获。

3. 简便易行可测的原则。

确立学习目标时，应化繁为简，言简意赅，一目了然，各项指标应是可测的。能够量化的一定要量化，这样便于实施，也便于检查学习效果。比如，规定某科学习成绩要达到的分数段，掌握外语单词的数量，等等。

让生命中的每一天充满知识的光辉

孙老师：

您好！我现在的学习状态就是三天打鱼两天晒网，哪天想到了能激励我的事，哪天我就很想学习，可没过一两天又恢复原状了。我该怎么办啊？我也很想学习，但就是坐不住，还没学一两分钟就不想学了，特别容易走神。这就是我遇到的问题，渴望您能帮我解决，谢谢！

浪　漫

浪漫同学：

你好！通过来信，我发现了你的问题：不能够集中注意力，目前还没有找到能够长久地激励你学习的动力机制。那么孙老师先给你讲一个关于伟人集中注意力的故事：

伟大的发明家爱迪生常常通宵达旦地工作，仅白炽灯的灯丝就用了上千种材料，连胡子、头发、竹丝都试验过。据说他在工作室工作时，常常是熬夜加班直到天明。有一次，他的助手将早饭给他送了进来，端到桌边并提醒他注意身体。他答应了一声后就再也没有吱声，直到助手吃完了早餐也不见他动手。助手有意捉弄他，便将他的早餐也吃了个精光。当爱迪生完成了工作后，看到桌上的香肠壳、空牛奶杯和面包渣，还很高兴地告诉助手自己今天早上吃了顿即时饭呢。

这个故事可能有些老套，但是仔细想想，如果将自己的精力毫无目标地耗费殆尽，的确会使你一事无成，永远是一个失败的人物，就像在战场上把兵力漫无目的地分散开，结果被敌人各个围歼，沦为败军之将一样。你在信中说："坐不住，还没学一两分钟就不想学了，特别容易走神。"虽然你没有告诉我你的学习成绩如何，但我可以想象你这种三天打鱼两天晒网的状态，学习成绩肯定是令人担忧的。只有在学习中将自己的注意力集中起来，才有可能走向成功。那么怎样才可以使自己集中注意力呢？

德国著名哲学家根特先生提倡的精神集中训练法，值得一试。根特先生在读书前，或者在书房里苦思冥想问题时，必定要透过窗户凝视远方屋顶上的一个随风摆动的风向标。他一边盯着风向标的转动，一边下意识地沉浸于深深的思考中，他的许多哲学理论就是这样思考出来的。这种方法之所以有效，是因为当人的双眼长时间地凝视一点时，视野就会变窄，那些容易吸引我们并导致注意力分散的事物也就不会进入眼帘，人的意识范围也随着变窄，从而使人达到注意力集中的心理境界。因此，当我们坐在书桌前时，就可以把面前某一件东西作为靶子，如台灯开关、笔、自己的手指等，用双眼凝视着它，注意力集中了再开始学习。

运用积极目标的力量也可以改变你容易走神的状况。当你给自己设定了一个要自觉提高自己注意力和专心能力的目标时，你会发现，你完全可以在非常短的时间内集中注意力去学习。慢慢地，你会发现现在比过去善于集中注意力了。不论做任何事情，都能够迅速地投入其中，不受干扰，这是非常重要的。比如，你如果对自己有这样一个要求："我要在注意力高度集中的情况下，将老师今天讲解的一堂课的内容一次都记下来。"那么当你有了这样一个训练目标时，你的注意力本身就会高度集中，你就会排除干扰努力去完成。只要你有这个自信心，相信自己可以具备迅速集中注意力的能力，能够掌握专心这样一种方法，你就能具备这种素质。我们都是正常人、健康人，只要我们下定决心，排除干扰，我们肯定可以做到注意力高度集中。希望你能通过训练，在集中注意力方面有质的飞跃。

另外，针对你目前还没有找到能够长久地激励你学习的动力机制的困惑，我的建议是，把每一天当作生命中的最后一天，以此来激励自己：时光转瞬即逝，要让高中生活的每一天充满乐趣，让自己时刻被充实的学习和知识填满，而不是浑浑噩噩、糊里糊涂地过完高中三年时光。"少小不努力，老大徒伤悲"，如果到了三十岁还无法成人、独立，要靠父母养活的话，你还会学一两分钟就不想学了吗？相信你一定知道"少而好学，如日出之阳；壮而好学，如日中之光；老而好学，如秉烛夜行"的道理，趁着青春年少的大好时光，专心求学，让生命中的每一天都充满知识的光辉。

小贴士 自我激励的七种方法

1. 找到原因。

当我们要做什么事情时，重要的是先问问“为什么”。实现自己的目标有时是一场漫长的旅程，永远别忘了你最开始是为何上路的。

2. 憧憬未来。

一旦行动，请将负面的前景抛诸脑后，只关注成功将给你带来的美好感受。

3. 想做就做。

在信息时代，我们无时无刻不在接触信息，因此很容易迷失其中，但是什么都不如立即开始行动更见效。

4. 奖励自己。

如果做到了，就给自己一个预先想好的奖励。同样，如果没有做到，要有相应的处罚惩戒自己。

5. 以人为镜。

想想你讨厌的人正在努力，而你却安于现状。要想获得快乐与回馈，让自己赶紧开始行动。

6. 自己想做。

你不是必须去做，而是想做。想做才会有无穷的动力激励你去做。

7. 分解任务。

分解任务，这样有助于你开始行动并品尝成功的喜悦。

记忆总动员

孙老师：

您好！我理科成绩一直不大好，但感觉自己的记忆力还不错，高二下学期进行分科时，我就决定高三“三加一”时，加选历史。原以为历史只需要下工夫背诵就行，可是高三许多科目都需要花时间去记忆、去背诵。现在离高考只有80多天了，我感觉自己的记忆力越来越差，前面背后面忘记，越来越焦虑，这种学习状态很令人担忧。请老师给予指点。

晶　晶

晶晶同学：

你好！老师先给你讲一个心理学实验：

一位心理学家让10个人穿过一间黑暗的房子。在他的引导下，这10个人皆成功地穿了过去。然后，心理学家打开房内的一盏灯。在昏暗的灯光下，这些人看清了房子内的一切，都惊出一身冷汗。这间房子里有一个大水池，水池里有十几条大鳄鱼，水池上方搭着一座窄窄的小木桥，刚才，他们就是从这座小木桥上走过去的。心理学家问：“现在，你们当中还有谁愿意再次穿过这间房子呢？”没有人回答。过了很久，有3个胆大的人站了出来。第一个小心翼翼地走了过去，速度比第一次慢了许多；第二个颤颤巍巍地踏上小木桥，走到一半时，竟趴在小桥上爬了过去；第三个刚走几步就一下子趴下了，再也不敢向前移动半步。

心理学家又打开房内的另外9盏灯，灯光把房间照得如同白昼。这时，人们看见小木桥下方装有一张安全网，因为网线颜色极浅，他们刚才根本没有看见。“现在，谁愿意通过这座小木桥呢？”心理学家问道。这次又有5个人站了出来。心理学家问剩下的两个人：“你们为什么不愿意呢？”两个人异口同声地反问：“这张安全网牢固吗？”

很多时候，学习就像通过这座小木桥一样，即使安全网是十分牢固的，但恐惧的心理、无谓的担心使他们依然不敢、不愿意去面对挑战。从你的来信中，我感受到你的焦虑、痛苦，这种学习的不快乐恐怕不是智力低下的结果，而是你对自己能力的低估和对学习任务的不正确认识导致的。只要我们掌握了一定的学习方法，就不至于在高考中慌了手脚，乱了方寸。

对于一名高三学生来说，学会学习是一道永远解不完的题。世界上没有被困的思维，只有思维“犯困”的人，当思维活跃起来，天地也就宽阔起来了。诚如你所说的：原本觉得自己记忆力还不错，所以加选了历史学科。文科学习的许多内容的确需要记忆。学过的知识能够在头脑中储存、保持下来，并能够再现或再认，也就是识记和回忆重现，这就是记忆的概念。记忆对于知识学习、思维以及问题解决等具有重要作用，所以培根有句名言：“一切知识都不过是记忆。”不可否认，每个人的记忆力是有差异的，但记忆力是可以通过训练加以提高的。请你尝试运用如下策略提高记忆力：

1. 利用情景进行联想记忆，比如将历史事件编入小故事中，便于记忆。

2. 运用多感官协同记忆，即采用手、脑、眼、耳等多感官并用的记忆方法。朱熹曰：“读书有三到，谓心到、眼到、口到。心不在此，则眼不看仔细，心眼既不专一，却只漫浪诵读，决不能记，记亦不能久也。”

3. “好记性不如烂笔头”，不动笔墨不读书，多动笔也是提高记忆力的有效方法。

4. 在理解的基础上记忆，使所学内容系统化，并把它们纳入自己原有的知识体系。

5. 及时有效地复习。记忆的天敌是遗忘，如果能够尽可能地减少遗忘，当然也就提高了记忆力。根据艾宾浩斯遗忘曲线，遗忘的规律是“先快后慢，先多后少”，这就提醒我们必须当天及时复习，做到“今日事今日毕”，从而保持学习效果。

6. 利用过度学习来提高记忆力。所谓过度学习是指所学材料达到一次完全正确再现后仍继续识记的记忆。心理学家的研究表明：学习程度在 150% 左右时，保持效果较好。因此，较为合适的过度学习量为 50% 左右。

7. 浓厚的学习兴趣、强烈的求知欲和学习动机有助于提高记忆力。

8. 充足的睡眠，减少紧张、焦虑，不断重复记忆都是增强记忆的有效保证。

在离高考还有 80 多天的时间内，你可以尝试绘制一些思维导图，梳理学科中的重、难点，把自己的错题加以整理，等等，这些都会有助于你提高学习效率。老师期待你尽快走出焦虑的阴影，享受到学习进步的快乐，向着高考目标前进！

小贴士 12条记忆诀窍

以下12条记忆诀窍，有助于提高一个人的记忆力，并且保障大脑的健康。

1. 背诵是记忆的根木。
2. 争论是记忆的益友。
3. 理解是记忆的基础。
4. 重复是记忆的窍门。
5. 趣味是记忆的媒介。
6. 联想是记忆的动力。
7. 应用是记忆的要诀。
8. 化简是记忆的助手。
9. 提纲是记忆的线索。
10. 卡片是记忆的仓库。
11. 遗忘是记忆的契机。
12. 厌倦是记忆的敌人。

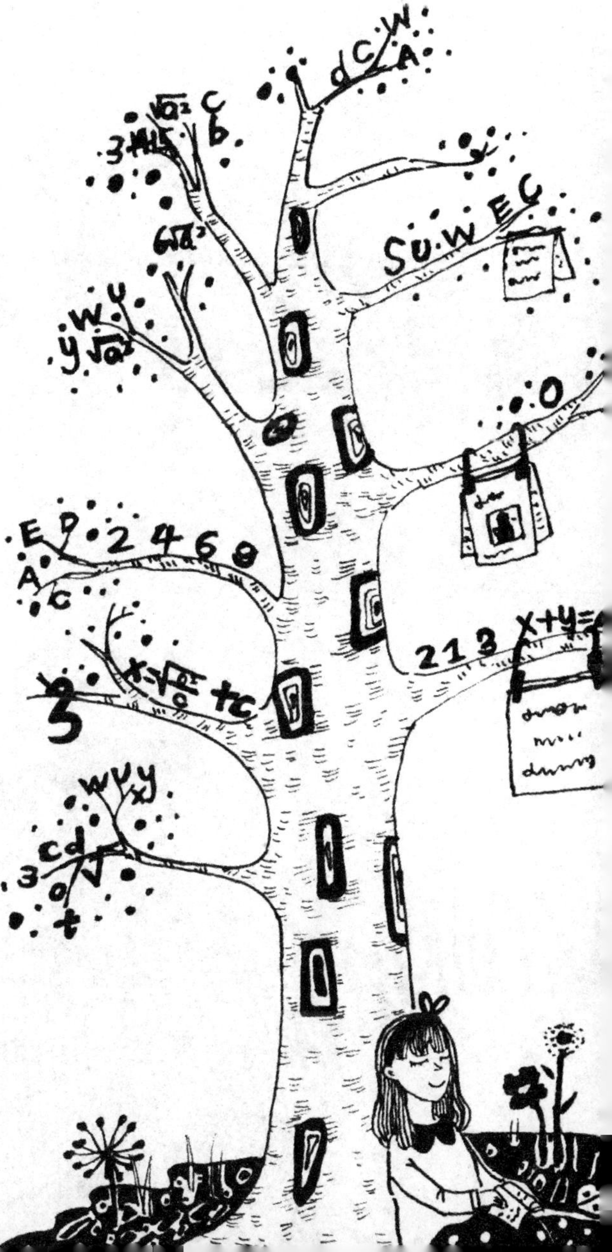

走出迷茫

制订科学全面的学习计划

孙老师：

您好！我是一名高一学生，现在每天都学不进去，成绩一路下滑，刚开始还计划好好学，可现在越来越堕落了。我已经看了三星期的小说，从早到晚，完全听不进去课，完全控制不住自己。我想补这一学期所学的主要内容，也列了计划，可我一个字都看不进去，几天又过去了，什么都没学。孙老师您能想象我现在的状态吗？一方面想好好学习，另一方面又什么都不学。我都快精神分裂了，每天无精打采，朋友们帮不到我，老师也不关注我，我该怎么办？

追随我心

追随我心同学：

你好！读了你的来信，首先感受到的是你的迷茫。那么为何迷茫呢？是理想和现实的差距？是因为进入高一了，反而不像初三目标直指高中那么明确？还是自我定位问题，进入新的学校，遇到新的同学，原本你的优势好像都凸显不出来了？……老师帮你一起分析一下。

假如是因为你理想中的高中学校与你现在的学校存在差距，那么我想以苏格拉底把他的学生带到一片苹果树林的故事告诉你，面对无法回头的人生，我们只能做三件事：郑重的选择，争取不留下遗憾；如果遗憾了，就理智地面对它，然后争取改变；假若不能改变，就勇敢地接受，不要后悔，继续朝前走。简而言之，就是适应环境，改变自我。

假如是因为进入高一，学习目标不明确而导致每天都学不进去，成绩一路下滑，那么请尽快确立明确的学习目标。有人打过形象的比喻：没有目标的学习像是饭后散步，而有明确目标的学习像是运动会上赛跑。G• 丹尼斯 1970 年的研究指出，当学习中行为目标十分突出时，对学生后面的学习能发挥最佳的作用；R• 坎普兰 1975 年的几项研究也表明，当被试将行为目标作为引导自己学习的特殊材料内容时，回忆的效果较好。明确的学习目标有时还会对学生注意力的分配以及注意力集中的强度产生一定的影响，从而提高学生的学习成绩。

有人说，一个刚跨入高中的新生，往往会在学习上经历一条学习发展的曲线。这条学习发展的曲线大致有四种类型：稳定型（包括高水平的稳定和低水平的稳定）、下降型、起伏型和上升型。由初三升入高一的新生，常常会在学习上出现下降型的情况，容易引起恐慌和不安，招致家长的埋怨与不解，甚至有少数新生由此产生心理障碍，对自己的智力水平、学习能力、未来的升学产生怀疑，丧失信心，以致一蹶不振。这涉及自我定位问题，同学们可能都是原初中学校的尖子生，进入高一，你的优势一下子也许凸显不出来，而一路下滑的学习成绩又使你动摇了自己的学习自信心。因此，你需要重新定位，认识自己在班级中的位次，改变学习方法，尽快适应高中阶段的学习，找回自信心。

其次感受到的是你的矛盾和焦虑：喜欢看小说，但又知道从早到晚不听课只看小说会影响学习；一方面想好好学习，另一方面又什么都不学。这里老师想说的是，看小说是兴趣爱好，与学习成绩提高本身是不矛盾的，适当发展兴趣爱好可以拓展视野，有利于文学素养的积淀，会促进学习成绩的提高，但需要把握好度。你看了三星期的小说，从早到晚，完全听不进去课，显然是过度了。

想要好好学，和拿出学的实际行动是两回事，你说你也列了计划，但这个计划全面否？科学否？是否安排好常规学习时间和自由学习时间？

常规学习时间就是学校规定的学习时间，主要用来完成老师当天布置的学习任务，“消化”当天所学的新知识。自由学习时间是指完成了老师布置的学习任务以后所剩下的归自己支配的学习时间。在自由支配的时间内，一般可以做两件事：补课和提高。补课，是指弥补自己学习中的不足；提高，是指深入钻研，发展自己的优势和特长。

自由学习时间应当成为制订学习计划的重点部分，同学们一旦抓住了自由学习时间，将会给自己的学习和成长带来极大的好处。按照科学的学习计划行事，可以使自己的学习生活节奏分明，一旦形成了条件反射，该睡觉时睡觉，该学习时安心学习，该锻炼时自觉去锻炼，所有这些就成了自觉行为。长此以往，良好的学习习惯就形成了，这样你就不会无精打采。当一个崭新的你出现在老师和同学面前时，相信大家会关注你，重新把赞许的目光投向你！

小贴士 “鸡孵效应”和自信心的建立

有一则古老的印第安人的传说：一天，一个印第安小男孩拾到一只鹰蛋，把它放入松鸡窝里。后来孵出的小鹰和其他小松鸡一样，平日也在土里找虫子、种子吃。有一次，它看见一只大鸟在空中飞翔，那金黄色的翅膀用力一振就能穿入云霄，小鹰羡慕不已，向松鸡打听，才知道那是一只鹰。于是它也想像鹰那样到高空去翱翔，却只能拍打几下翅膀，抖抖羽毛，怎么也飞不起来。以后，它不再想锻炼高飞，慢慢地老死了。既然是鹰，本来可以到高空飞翔，可小鹰为什么飞不起来了呢？这主要是因为缺乏自信心和艰苦的磨炼。我们把这种原本有好的素质，却由于不利环境的影响，而缺乏信心和锻炼，最终惨败的现象叫作“鸡孵效应”。那么自信心如何建立呢？

1. 在自立中培养。

陈鹤琴先生说过：“凡是儿童自己能做的，应当让他自己做；凡是儿童自己能够想的，应当让他自己想。”

2. 需要有成功的心理体验。

发明大王爱迪生说过：“你知道我是怎样迷上发明的吗？告诉你，我是从小用泥块摆成城堡起步的。成功欢喜地告诉我，我可以创造一切。”

3. 多看到自己的优势、长处。

不要老盯着自己的弱点，而应争取做到以己之长，克己之短。这样既有利于实事求是地制定自己的前进目标，又有利于增强自己的信心，在通往成功的道路上迈出坚实的步伐。

聪慧 + 努力 + 合理安排时间 = 成就梦想

孙老师：

您好！我是一个文科生，可能文科不学习也能考好吧。我喜欢写文章，从高一到现在几乎没听过课，但成绩一直是班里前十名，可以说能取得这样的成绩纯属侥幸！现在我很害怕会退步，怕我的不踏实会让我在高考中落马。我也想学，但安排不好每天的时间。我该怎么办呢？

同桌说我天才

同桌说我天才同学：

你好！从你的来信可以看出你是一个聪慧的学生，因为你说"从高一到现在几乎没听过课，但成绩一直是班里前十名"，难怪同桌要羡慕地称你为天才。毕竟高中的课程不像小学和初中那么简单，不能靠临时抱佛脚取得好成绩，而你却可以在几乎没听过课的情况下使成绩稳定在班里前十名。不管你这句话是否有夸张，有水分，你的聪慧是不言而喻的。但你把成绩的取得归因为纯属侥幸，孙老师认为是不恰当的。你选择的是文科，又喜欢写作，老师知道，文章写得好的同学，阅读量是相当大的，思维也是相当活跃的，而且这种阅读可能就是大南海北地广泛阅读，不一定指教科书，对吗？文科学习的特点就是涉及面较广，最重要的是积累和理解以及广博的人文素养，这对于文科答题是至关重要的。

同时，我想说的是，高三阶段光靠聪敏是远远不够的，所以就出现了你自己开始担心和焦虑的情况：害怕自己会退步，怕自己的不踏实会让自己在高考中落马。的确是这样，选择了文科，其实是选择了一条艰辛的道路，学习是没有捷径的，要想获得好成绩，肯定要下苦功夫，要认真听课、整理笔记、研究考纲，要灵活掌握答题规律，要努力去记忆、去背诵、去理解，还需要大量的习题演练，等等。

再回答你的另一个问题："我也想学，但安排不好每天的时间。"首先送你一句鲁迅先生的名言："时间就像海绵里的水，只要你愿意挤，总还是有的。"再给你讲一个名叫"石悦"的人的故事，说起他的名字"石悦"你可能不知道，但我相信你一定读过他的书《明朝那些事儿》。他的网名大家都知道叫"当年明月"。当《明朝那些事儿》风靡之后，媒体记者向他讨教成功的经验时，他调侃地说："比我有才华的人，没有我努力；比我努力的人，没有我有才华；既比我有才华，又比我努力的人，没有我能熬！”他二十年如一日地一头扎进图书馆，如饥似渴地阅读一本本厚厚的历史书，才换来今天引起巨大轰动的历史小说《明朝那些事儿》。同样的道理，高三生活也是需要“熬”的，同时更需要合理利用好常规学习时间和自由学习时间。

常规学习时间主要是指白天上课时间，用以完成老师当天布置的学习任务，“消化”当天所学的新知识。那么，对于高三学生来说，更重要的是要学会提高自由学习时间内的学习效率。这个自由学习时间指的是完成了老师布置的学习任务以后所剩下的归自己支配的学习时间。在自由学习时间内，一般可以做两件事：补课和提高。补课，是指弥补自己学习中的不足；提高，是指深入钻研，发展自己的优势和特长。这里涉及时间运筹的原则。

1. 消除无所事事的时间。

使每一小时都变成富有成效的时间单位，我们一生中有些最重要的功课往往是在不到一小时的时间内学到的。充分利用白天时间。有研究表明，白天学习一个小时等于晚上学习一个半小时。

2. 背诵型课程在课前要复习。

文科中背诵量大的课程，在上课前复习会有很大的好处，这样做，可以使你对所学的材料记忆犹新。根据艾宾浩斯遗忘曲线规律，课后温习、复习整理笔记，可以帮助你加深理解并加强记忆。

3. 按事情的重要性排先后次序。

把首要的事排在首位，你就肯定可以把最重要的事准时做好。避免过多的细节，在一周的时间表中有过多的细节安排是浪费时间。

如果你能够按照孙老师讲的方法去做，聪慧加上勤奋努力以及合理利用时间，相信在不久之后的高考中你一定能够收获属于自己的成功！

小贴士 小步子，大目标，助考生每月再提高 15 分

1. 每次考完后，把每门课存在的问题查清楚。

每门课查漏补缺的内容是什么？这个一定要明确。哪些是自己会的，但由于粗心大意出现了失误；哪些是自己确实不会的，应该重点解决自己不会的那部分。

2. 请任课老师指导。

任课老师对你的学习情况比较了解，经过多次考试，老师基本掌握了你的问题和优势，因此，请自己的老师指导比较有针对性。

3. 按照老师布置的作业去做。

一般情况下，高三“二模”之后，老师布置什么作业就做什么作业，不要再去做老师没有布置的作业，更不建议去做那些从各种渠道搞来的卷子。

快抉择　明目标　重行动

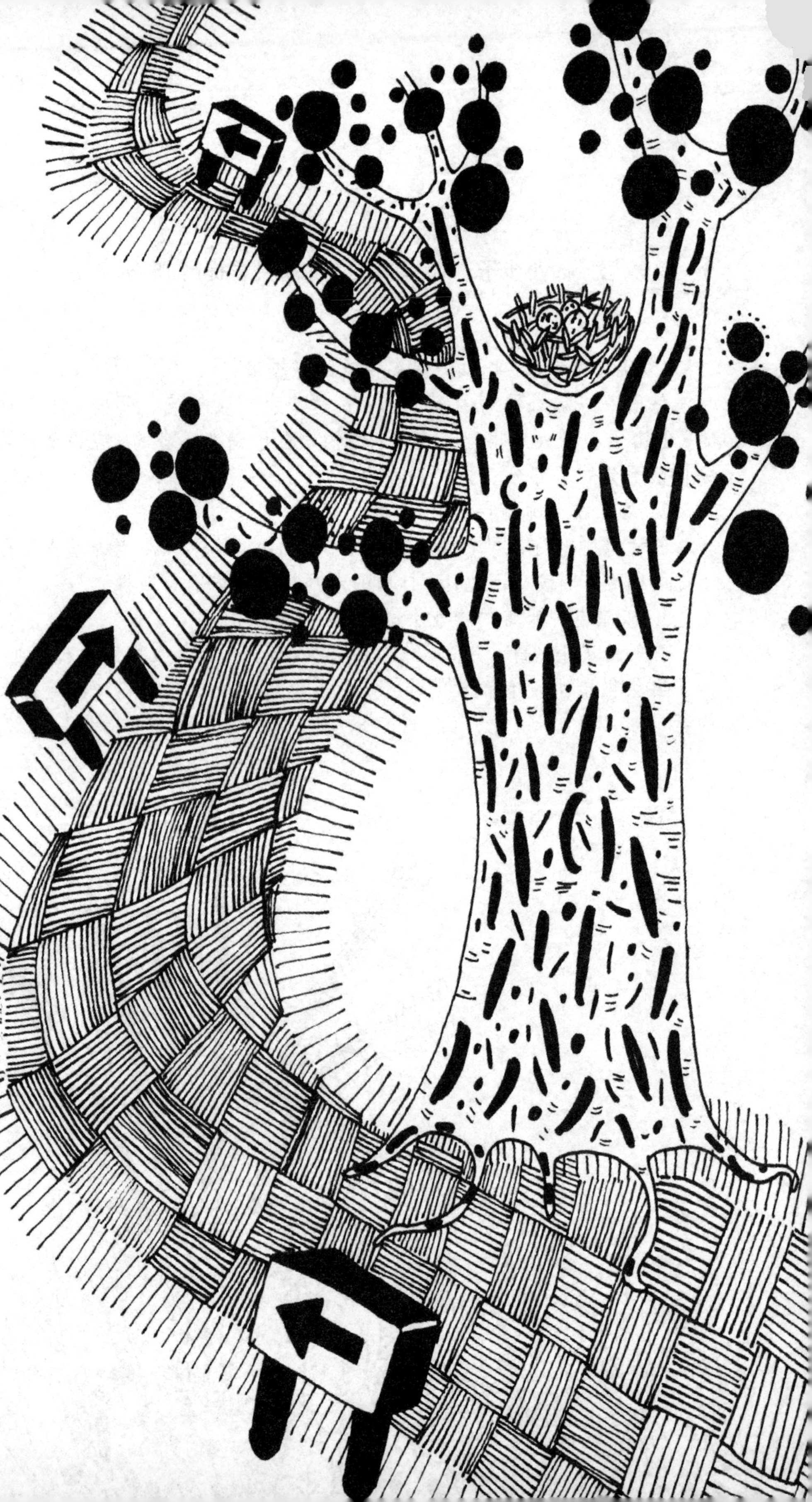

孙老师：

您好！我现在处于迷茫中，我不知道高中上完是否继续上学。我学习不怎么好，本科也考不上，所以报了美术班，但报了之后才知道将来只可以上美术学院。我的理想不是上美术学院，真不知道明年高考后我该怎么办。请您指点一下！

东 升

东升同学：

你好！信中感觉你还处在目标不明晰、迷茫困惑中，如果你以这种状态进入高三的话，老师也要为你担心了。因为毕竟高三生活时间紧、任务重，你到现在还没有想好毕业后要不要升学，升学时是以美术生身份参加艺术类高考还是以普通学生身份参加高考……当然，这一切都必须要你自己尽快做出抉择。

首先，我给你介绍一个事例。美国教师雷夫·艾斯奎斯所写的《第56号教室的奇迹2》中有一位叫琳达的姑娘，她是第56号教室的毕业生，家境窘迫，但经过努力，她最终拿到巨额奖学金，前往一所出色的私立学校就读，这在当地引起了轰动。返校时她告诉第56号教室的学弟学妹们，成功的秘诀在于每一次都要做出正确的选择。在选择前，琳达首先会思考一连串的问题：这个选择有助于我达成个人目标吗？我是为我自己做这个选择还是试图去取悦他人？假如我做这个选择，我必须牺牲什么？需要考虑经济因素吗？……根据这些问题，琳达设想各种选择的后果，从而做出正确的决定。当然，选择需要练习和时间，幸而琳达在重大事情的选择上一向表现很棒。

通过这个事例，希望你也能够像琳达那样，尽快做出选择，也可以参照琳达的办法自我分析一下各种选择的后果，最终做出一个相对有利于你高考的决定。当然，相信你也看到了：选择意味着牺牲、果断、勇敢和超越；选择常常以放弃为前提，如果贪心地什么都想要，后果往往是在优柔寡断、左右摇摆中踌躇不前，从而失去掌握自己命运的信心；选择意味着要勇于承担后果，人生总是存在各种变数和不测，要忠实于自己的选择，明白自己想要什么，并在未来越挫越勇，坚定地走下去。

这里老师可以给你的建议是：如果你决定了选择以美术生身份参

加高考，你也报了美术班，那就要认真强化美术技能训练，详细了解美术高考可以考哪些院校。其实据我所知，并不只是美术学院，许多综合性大学的艺术装潢、服装设计、动漫广告等专业都是接收美术生的。老师带过的高三学生中也有不少学生选择这一途径参加高考，最终结果都不错，本科录取率和一本录取率都普遍高于其他学生。他们中有的考入上海戏剧学院，有的考入华东师范大学、上海师范大学、上海应用技术学院等。虽然在高三上学期，他们显得非常忙碌，主要是强攻美术专业考试，常常是几个月不在课堂里上文化课，还要辗转各地去参加不同大学的艺术类招生考试，文化课会落下很多，人也很辛苦；但一旦美术专业成绩揭晓后，他们的目标就非常明确了，动力也要比其他学生来得更足，主要是因为他们基本上清楚自己会去哪些大学。通常在高三下半学期时，他们的文化课成绩会迎头赶上，甚至突飞猛进，令老师刮目相看，最终在 6 月的高考中收获佳绩。

可见，目标在人的一生中具有引导和动力保障作用，不可不重视。关于目标，老师再给你讲一个故事：

一个博士在田间漫步，看见一位老农在插秧，秧苗插得非常整齐。博士觉得老农很不简单，上前问道："老大爷，您怎么每列都插得那么齐？"老农递过一把秧苗说："你插插试试。"博士接过秧苗，脱鞋挽裤下田插秧。他插了一会儿，发现自己插得乱七八糟，于是他问老农："为什么我插不齐呢？"

老农说："你应该盯住前面的一个目标去插。"对呀，我怎么没想到呢？博士就在前方寻找目标，看到了一头水牛，心里想，水牛目标大，就盯着它吧。他又插了一会儿，发现自己插得有进步，但是还是不齐，歪歪扭扭。他再问老农："为什么我还插不齐呢？"

老农笑着说："水牛总在动，你盯着它当然要插得歪歪扭扭了，你应该盯住一个确定的目标。"博士猛醒，盯着前方的一棵树去插，果然秧苗插得很齐了。

这个故事告诉我们，人不能没有目标，而且必须要有一个明确不轻易变更的奋斗目标，这才是取得成功的基本前提。我想通过以上的事例和故事，你应该知道自己眼下应该怎么做了吧。最后老师还要提醒你的是：在你已经做出抉择，明晰了高三的学习目标之后，重要的还是要拿出实际行动，朝着目标迈进。祝你在高考的百花园中绽放出属于你的美丽。

小贴士 **心理学家关于目标的实验**

心理学家组织了三组人，让他们分别向着10千米以外的三个村庄进发。

第一组的人既不知道村庄的名字，也不知道路程有多远，只被告知跟着向导走就行了。刚走出两三千米，就开始有人叫苦；走到一半的时候，有人几乎愤怒了，他们抱怨为什么要走这么远，何时才能走到头，有人甚至坐在路边不愿走了；越往后，他们的情绪就越低落。

第二组的人知道村庄的名字和路程，但路边没有里程碑，只能凭经验来估计行程的时间和距离。走到一半的时候，大多数人想知道已经走了多远，比较有经验的人说："大概走了一半的路程。"于是，大家又簇拥着继续往前走。当走到全程的四分之三的时候，大家情绪开始低落，觉得疲惫不堪，而路程似乎还有很长。当有人说："快到了！""快到了！"大家又振作起来，加快了行进的步伐。

第三组的人不仅知道村子的名字、路程，而且公路旁每一千米都有一块里程碑，人们边走边看里程碑，每前进一千米大家便有一小阵的快乐。行进中他们用歌声和笑声来消除疲劳，情绪一直很高涨，所以很快就到达了目的地。

通过实验，心理学家得出了这样的结论：当人们的行动有了明确目标的时候，并能把行动与目标不断地加以对照，进而清楚地知道自己的行进速度与目标之间的距离时，人们行动的动机就会得到维持和加强，就会自觉地克服一切困难，努力到达目标。

自古华山一条道，迎难而上

孙老师：

您好！我学文科，是特长生，特长是舞蹈，但我的学习成绩很差劲，尤其不想学数学和英语。我很害怕考不上大学，我该怎么办啊？

无情的三哥

无情的三哥同学：

你好！给你回信的这一天正好是“白露”，让我不由得想起《诗经·国风·秦风·蒹葭》：“蒹葭苍苍，白露为霜。所谓伊人，在水一方。”美好的秋天正在朝我们走来，刚刚送走的这一届高三学生们一个个意气风发地准备去全国各地的大学报到了。临走这几天又恰逢教师节，学生们纷纷回母校给老师们送来满满的祝福。这些学生中不乏像你一样学文科的艺术生，去年的此时此刻，他们都在全力以赴地备战高考。“所谓伊人，在水一方”，也可理解为心中的梦想——我想要去上的大学。但是，请别忘了后面还有八个字“溯洄从之，道阻且长”。实现梦想的道路是障碍多多、漫长且充满艰难险阻的，你必须做好充分的心理和行动准备，沿着弯曲的河道逆流而上才能找到“伊人”。

让我来分析一下你的问题，你是舞蹈特长生，你需要参加艺术生考试。即使通过了艺术生的专业考试，你还需要参加文化课的考试；尽管分数可以比其他参加普通高考的学生低一些，但仍然有一个录取分数线的，不是吗？按你说的：“我的学习成绩很差劲，尤其不想学数学和英语。我很害怕考不上大学……”在高三阶段学不好数学和英语，结果可能就是考不上大学。怎么办？空想是解决不了问题的，只有通过努力来改变现状。

这里老师给你讲个故事——《300 万次触碰写出 60 万字》。

2012 年 11 月，一位名叫黄扬的湖南岳阳作家进入大家的视线。她是一名脑瘫患者，无法站立，双手不受控制，口齿不清，生活不能自理。从小通过电视和《新华字典》学会认字，用鼻尖和下颌在手机或 iPad 上触摸出一个个文字。每次写作，她将头部用力低至桌前，用下颌固定住手机或 iPad，再用鼻尖在键盘上敲出拼音，然后抬头确认是否正确。每次打字时，黄扬都要先用眼睛瞄准按键，才能用鼻尖点击。她必须先低头再抬头，再低头，再抬头，反复做同样动作。最初，她一天只能写十几个字，现在一分钟就能写四五个字。300 万次的幸福亲吻，写出 60 万字的精彩绝伦，其中包括小说《千年屠刀》以及以自传《温暖人生》为基础，经过数次修改而完成的《许我以微笑问候》等作品。更加不可思议的是，自从用鼻尖写作后，黄扬的运动能力奇迹般地突飞猛进。她的双臂不再内收，身子不再瘫软，体重上升到 95 斤，不需要用绳子绑着，就能坐稳 2 小时以上了。她说“我要征服命运”，她用坚强诠释了生命的伟大，她用青春的热血激励着我们这个时代。

与黄扬相比，你的问题是否已经不是问题，你的困难显然也不能与之相比，对吧？所以眼下要想清楚的是你的“伊人”是谁？也就是你高三这一年的目标是什么？舞蹈能否成为你今后谋生的技能？没有大学这块敲门砖，你能掌控自己的命运吗？答案如果是不能的话，那么请你在高三这一年拿出超乎常人的坚强、勇气、毅力去学习不想学的数学、英语。机会是自己创造的，每个领域都会产生明星，每个人都享有出人头地的机会，更何况你还精于舞蹈，你拥有特长！只要你持续努力，只要你比别人更加坚韧、勤奋，有了学习的态度，去寻找学习的方法，在剩下的九个月中，把努力和勤奋作为隐形的翅膀，就会助你腾飞，使你梦想成真。

高三不是炼狱，它会让我们变得深沉，变得学会思考。九个月的时间说长不长，说短也不短。头年秋天的红叶装点着每一位高三学子的梦想，冬天的风雪是高三学子汗水的凝练，等到第二年，春天百花的摇曳就是对高三学子的喝彩，那么，初夏的凉风便会为高三学子最后的冲刺送去清凉的祝福。记得这份祝福里也有一份是孙老师送给你的！

小贴士　狂补弱科四方法

每个同学都有掌握得比较好的科目，也有相对薄弱的科目。有些同学存在一个错误的倾向，就是为了保持自己在某门科目上的优势而花费大量的时间，结果分数并没有明显提高。明智的做法是对自己的弱科多花精力和时间，要知道在 80 分的基础上增加 20 分的难度显然比在 120 分的基础上增加 20 分要小得多。

1. 明目标。

补习弱科不能追求满分，要有所放弃，集中力量突击难度中等和中等偏上的题目，放弃难度高、很费时的题目，达到快速提高高考总分的目的。

2. 抓大纲。

对照考纲，回归课本，而不是丢掉大纲和课本，一味地做训练题目，对付难题偏题。所以对于弱科来说，如果紧扣大纲和基础题，那么 150 分的试卷，100 分的基础分是可以获得的。

3. 纠错题。

题目做错了，一定要找到原因，并复习相关章节的知识内容，改正错题，补缺补漏方可不再重复犯错。

4. 多提问。

一道题目如果十分钟还找不到解决的方法，这时就可翻看参考答案，寻求思路。如果还不行，就应该请教老师和同学，学习和揣摩他人的解题思路，消化吸纳为自己的解题办法，这样做既节省了时间，又掌握了知识。

深窥自己的心，而后发觉一切的奇迹在你自己。

——培　根

第二辑　活出真我

埃里克森人格发展理论认为，青少年时期的主要任务是建立新的同一感或自己在别人眼中的形象，以及他在社会集体中所占的情感位置。帮助学生悦纳自我，增强自信，便是本辑的目标。

寻找合适的参照系，与自己比较，合理评价，规划自我，让自信的柱子撑起精神的广漠天空，让自信成为一片阳光驱散眼前的阴霾，真正听从内心的声音："我是天地间独一无二的个体！"

恰当评价　规划自我　活出真我

孙老师：

您好！我是一名高二学生。我以乐观的姿态笑对生活，总以为会得到生活的眷顾，可是现在过得一塌糊涂！我有明确的学习目标，但成绩止步不前，二本大学都可能考不上。夹在爷爷、奶奶、爸爸、妈妈之间，我想以乖巧、听话的形象示人，却累的是自己！怎么办？

请息交以绝游

请息交以绝游同学：

你好！从你的来信中，我读到的是你的自我评价不够客观，你所说的一塌糊涂似乎把自己彻底否定了——你说你以乐观的姿态笑对生活，可是短短的信中我看不到乐观的情绪，看到的是一个有点压抑、焦虑，成绩止步不前，活在别人的评价中，有点累的你。

第一，你要认清自己的潜力并对自己有一个恰当的评价。老师在这里给你讲一个美国女孩劳拉·费尔普斯参加“奥德赛一天”冒险跑的故事。“奥德赛一天”冒险跑是一项要在24小时内走完80英里的非常艰苦的运动，包括各种极端的项目，如攀岩、泅水、山地骑车、定向识途、越野跑等。之前这个女孩一直做该活动的志愿服务者，从来不敢想象自己可以完成这样的挑战。2006年夏，在姐姐珍妮的积极鼓励下，劳拉·费尔普斯在经历了两个月艰苦的训练之后报名参加了比赛。当她双脚发软，全身无力，只有亢奋的大脑还在提醒她冲向终点线的那一刻，她终于知道自己是谁了——世界上最年轻的完成了“奥德赛一天”冒险跑的女选手！

这个故事涉及一个“我是谁”的问题。人最容易了解的是自己，最难了解的也是自己。认识他人不容易，认识自己更困难。对自我的认识，如同观察所有事物那样，不妨近些，再近些。潜入海底，可证龙宫之虚；登上月球，更信玉兔之无。倘远远一瞟，雾里观花，隔岸看戏，就很难认清真面目。然而近观，也并非一味地越近越好。对此，有人比喻，犹如看画，从一定的距离与角度看去，齐白石的虾趣图真是形似而神似，栩栩如生。但是，倘过于贴近去看，又只盯住一处，满眼不过几个墨团，便了无意趣。看画如此，看人亦然。

自我认识的过程，其实是一个照镜子的过程。生活中有很多很多的镜子，这些镜子可以提供给你很多不同的信息，每一面镜子都会带给你不同的反馈信息，帮助你不断地认识自己。我们只有在认识自己的基础上才能对自己有正确的评价，也才能在此基础上建立自信，确立自我目标和努力方向。

第二，要做好自我规划。清晰地规划目标是人生走向成功的第一步。一辆没有方向盘的超级跑车，即使有最强劲的发动机，你也无法想象这辆跑车会跑到哪里去。眼下你要做的规划是如何度过为时不多的高二、高三阶段，使自己考上理想的本科院校。你说你有明确的学习目标，那么为何成绩止步不前？查找自己的问题出在以下哪个环节。

1. 认知水平较低，不能认识自我。
2. 依赖心理严重，不愿独立思考。
3. 心理波动大，受情绪影响严重。
4. 渴求进步，但只有“三分钟热情”。
5. 自觉性和自制力差，学习效率低。
6. 学习习惯欠佳，学习状态差。
7. 学习无成就感，厌学心理严重。
8. 生活缺少关爱，心理创伤多。
9. 家庭条件优越，玩比学习更容易令你兴奋。

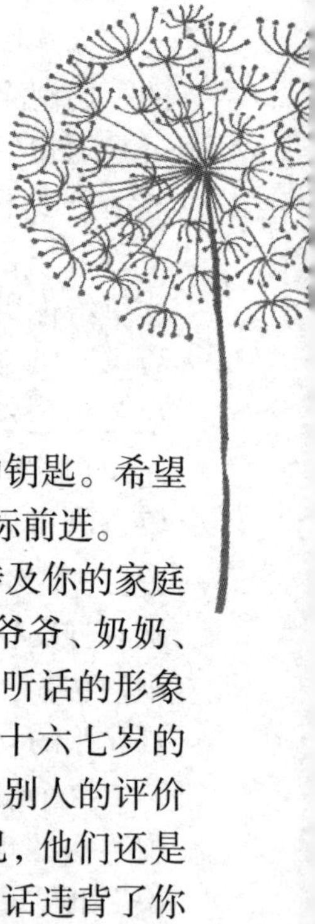

只有找准问题，才能够找到解决问题的钥匙。希望你能够奋起行动，改变自我，向着目标前进。

第三，处理好人际关系。这涉及你的家庭氛围。因为你信中提到：“夹在爷爷、奶奶、爸爸、妈妈之间，我想以乖巧、听话的形象示人，却累的是自己！”一个十六七岁的花季学生，完全没有必要活在别人的评价之下，让自己这么累。更何况，他们还是你的至爱亲人。过于乖巧、听话违背了你的心智年龄，所以还是做一个真实的自我：想哭就哭，有烦恼就诉说。相信挚爱你的爷爷、奶奶、爸爸、妈妈能够理解你、包容你，给你创造一个和谐、民主、充满关爱的家庭环境和氛围，促你健康快乐地成长。

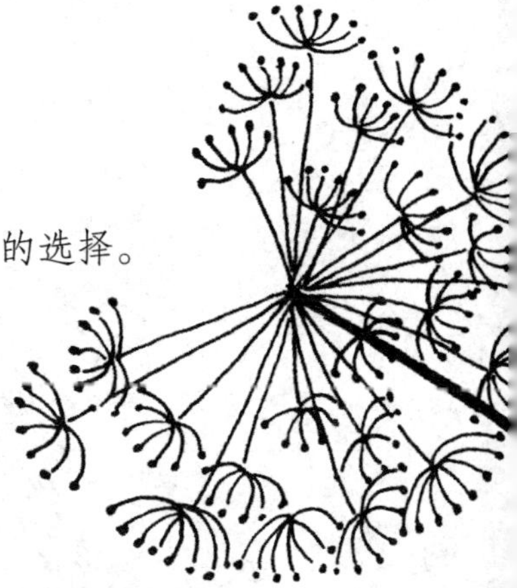

小贴士 **自我测试“你自我悦纳吗?”**

请根据自己的实际情况，对下列题目做出“是”或“否”的选择。

1. 在朋友和家人眼里，你是否显得过于敏感?（ ）
2. 你是否喜欢与别人争论不休?（ ）
3. 你是否总是持批评态度?（ ）
4. 你是否接受他人有不同观点?（ ）
5. 你是否过于易动肝火?（ ）
6. 你是否容易原谅人?（ ）
7. 你是否过于爱忌妒?（ ）
8. 你是否认真听别人讲话?（ ）
9. 你是否感到很难接受恭维?（ ）

评分规则：

第1、2、3、5、7、9题答案为“是”，第4、6、8题答案为“否”。每答对一题记1分，答错不记分。将各题得分相加，得出总分。

你的总分：________。

得分说明：如果总分在5分以上，说明你自我否定得太多了。

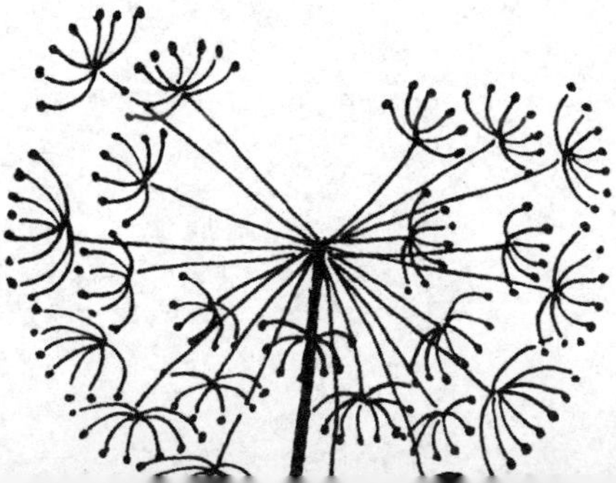

增强自信　集中注意力

孙老师：

您好！我总觉别人看不起我，但我想应该是自己看不起自己，只有尊重自己才能赢得别人的尊重。我觉得自己太敏感了，太患得患失了，不知道怎样才能改掉这个毛病。

还有我总是写不进去作业，一写作业就走神，最后总是抄作业。我每次都很自责，但下一次又会重复同样的行为，自己都讨厌自己了。

孙老师，恳请您帮帮我，我真的很想走出这个怪圈。

不自信的女孩儿

不自信的女孩儿：

收到你的来信，我有点隐隐的担忧，我在猜测到底什么原因使你如此不自信？我想摘录毕淑敏《我很重要》一文中的几段：

我是由无数星辰日月草木山川的精华汇聚而成的。只要计算一下我们一生吃进去多少谷物，饮下了多少清水，才凝聚成这具美轮美奂的躯体，我们一定会为那数字的庞大而惊讶。平日里，我们尚要珍惜一粒米、一叶菜，难道可以对亿万粒菽粟亿万滴甘露濡养出的万物之灵，掉以丝毫的轻心吗？

……

我们的生命，端坐于概率垒就的金字塔的顶端。面对大自然的鬼斧神工，我们还有权利和资格说我不重要吗？

对于我们的父母，我们永远是不可重复的孤本。无论他们有多少儿女，我们都是独特的一个。

假如我不存在了，他们就空留一份慈爱，在风中蛛丝般飘荡。

假如我生了病，他们的心就会皱缩成石块，无数次向上苍祈祷我的康复，甚至愿灾痛以十倍的烈度降临于他们自身，以换取我的平安。

我的每一滴成功，都如同经过放大镜，进入他们的瞳孔，摄入他们的心底。

假如我们先他们而去，他们的白发会从日出垂到日暮，他们的泪水会使太平洋为之涨潮。

面对这无法承载的亲情，我们还敢说我不重要吗？

……

是的，我很重要。我们每一个人都应该有勇气这样说。我们的地位可能很卑微，我们的身份可能很渺小，但这丝毫不意味着我们不重要。

重要并不是伟大的同义词，它是心灵对生命的允诺。

……

人们常常从成就事业的角度，断定我们是否重要。但我要说，只要我们在时刻努力着，为光明在奋斗着，我们就是无比重要地生活着。

让我们昂起头，对着我们这颗美丽的星球上无数的生灵，响亮地宣布——我很重要！

看了以上这些文字后，你是否还有理由说自己不重要，自己看不起自己呢？是的，诚如你所说的：只有尊重自己才能赢得别人的尊重。当然在学生时代，别人的尊重也不是空中楼阁，而是有一定的具体载体的，比如，学业成绩突出，在学校的各项活动中积极表现，显示自己的才华，不是吗？所以，把握好一切可以展示自我的机会，比如在绿茵场上、文艺表演中、班级黑板报上、作文大赛中展现自己等等，只有让别人认识你、了解你，才能让他们尊重你。当个体的自尊得到满足时，就会产生快乐、振奋、自信等积极的情绪体验。自尊心是人进步的动力，可以促使我们蓬勃向上，形成健康的人格。

至于写作业走神，那是学习注意力的问题。保持良好的注意力，是大脑进行感知、记忆、思维等认识活动的基本条件。在学习过程中，注意力是打开我们心灵的门户，而且是唯一的门户。门开得越大，我们学到的东西就越多。而一旦注意力分散了或无法集中，心灵的门户就关闭了，一切有用的知识信息都无法进入。正因为如此，法国生物学家乔治·居维叶说："天才，首先是注意力。"

注意力障碍，主要表现为无法将心理活动指向某一具体事物，或无法将全部精力集中到这一事物上来，同时无法抑制对无关事物的注意。造成这种情况的原因比较复杂，你可以自我分析一下，写作业注意力不集中，是因为学习负担重，心理压力过大，还是因为睡眠不足，大脑得不到充分休息？

注意力的集中作为一种特殊的素质和能力，需要通过训练来获得。建议你可以通过以下方法来训练自己集中注意力：运用积极目标的力量；培养对专心素质的兴趣；增强对专心素质的自信；善于排除外界干扰，保持空间清静。比如，当你在家中做作业时，要将书桌上与你此时学习内容无关的其他书籍、物品全部清走。在你的视野中，只有你现在要做作业的科目。另外，要善于排除内心的干扰，收拾书桌是为了清理视野使自己集中注意力，同时你也可以清理自己的大脑。因为大脑里也堆放着很多东西，做作业时，应将在大脑中活动的各种无关的情绪、思绪和信息收掉，只留下现在要学习的科目，这样便于集中注意力。

小贴士 集中注意力的训练

我国数学家杨乐、张广厚，小时候都曾采用快速做习题的办法，严格训练自己集中注意力。这里给大家介绍一种在心理学中用来锻炼注意力的小游戏。在一张有25个小方格的表中，将1~25的数字打乱顺序，填写在里面，然后以最快的速度从1数到25，要边读边指出，同时计时。

研究表明：七八岁儿童按顺序找到图表上的数字的时间是30~50秒，平均时间是40~42秒；正常成年人的时间是25~30秒，有些人可以缩短到十几秒。你可以多制作几张这样的训练表，每天训练一遍，相信你的注意力水平一定会逐步提高。

认识自我　正确定位

孙老师：

您好！我是一名高一学生，步入高中后成绩一直在下滑，现在已经差到极点了。分析原因，我觉得还是心态问题。自从踏进高中，我就给自己定下了一个目标：考上香港大学。但是我现在迷茫了，这几次的成绩清楚地告诉我，别说是香港大学，能考上二本大学就已经很不错了。我以前经常用一些名人事迹来反复激励自己，但是现在似乎已经麻木了，不起什么作用。学习上没有一点动力，晚上还经常失眠。我是一个农村的孩子，家庭条件不好，有很多时候我都在想着辍学。老师您的阅历比我丰富得多，您能帮帮我吗？

高一学生

高一学生：

你好！从信中看出你在高中生活的适应方面存在一定的困扰，仔细分析一下，有这样一些问题需要你自己厘清：你考入的是一所怎样的高中？国家级示范性高中？还是省市级的示范性高中？你对自己学习能力的自我知觉和评价恰当否？你的目标定位正确否？

一进高中你就能定下高考目标，这是值得肯定的，但你的目标是香港大学，不知是否太高了。据我所知，除非你在国家级示范性高中名列前茅，各方面综合素质十分拔尖，才有可能问鼎香港大学。因为香港大学每年在内地招录的学生人数在 300 人左右，不少都是各省份的文理科状元，你是否具备这样的实力？信中说“步入高中后成绩一直在下滑”，对此首先还是要清楚你所在学校的层次，如果是国家级示范性高中，即使你在学校中“垫底”，那学习实力还是摆在那里的。但你信中又说：“我现在迷茫了，这几次的成绩清楚地告诉我，别说是香港大学，能考上二本大学就已经很不错了。”感觉上你的学校最多也就是一个省级示范性高中，不知老师的猜测是否正确？在这样的学校按你自己所说“差到极点”的话，倘若高考，估计就在二本线上下徘徊了。不过，目前你才刚刚步入高中，离高考还有两年半左右的时间，说这些，为时尚早。

这里老师给你讲一个“南海三鱼”的故事：

一次，南海突然涨了大潮，海水漫溢到了岸上，有三条大鱼被海水冲到了岸边的浅水里。鱼儿们相互商量：“我们三个现在遇到大麻烦了。只有一个办法才能摆脱困境，那就是趁潮水没退，我们努力逆潮而上，回到大海去。”

可是，前面有一条渔船拦路，它们不敢靠近。

第一条鱼用尽力气，纵身从船上跳了过去；第二条鱼伏在水草下面慢慢游了过去；第三条鱼想等潮水涨得更高，最后筋疲力尽，束手无策，结果被捕鱼人抓住了。

第一条鱼能够考虑到后果，知道再不用力就会受害；第二条鱼靠机智，利用水草的掩护也摆脱了眼前的困境。这两条鱼回到了大海，保住了性命。而那第三条鱼，既丧失力气，又缺少机智，死守着浅水，终于被捕鱼人抓走了。

故事的寓意，我想你一定能够理解：不思进取，愚守待变，不拿出拼死一搏的勇气，最终的命运和结局可想而知。

眼下的你，首先要认清自我，正确定位。目标（香港大学）过高，有点不切实际，起不到引领自己发展的动力作用。一下子又泄气到想要辍学，给我的感觉是你的想法比较幼稚，简直像坐过山车，忽高忽低，似乎跨度太大。辍学的想法，你的家长显然不会同意，也不现实。尽管是一名农村孩子，家庭条件不好，但像你这种情况的孩子刻苦学习，跳出寒门，改变命运的例子不胜枚举。

成绩下滑，需要分析自己的学习能力以及怎样尽快渡过初、高中学习衔接的适应阶段。用名人事迹激励自然是一种办法，但或许如你所说，可能距离我们普通人太远了，不起什么作用。那么请教身边同学中的学霸，询问学习方法，探讨学习适应，等等，还是可行的呀。

让自己的心静下来，找准定位，确立一个合适的目标，合理规划好自己的三年高中生涯，激发出自己学习的内在动力，便能走出迷茫，充满激情地投入学习生活中！

小贴士 怎样尽快适应高中生活

1. 适应高中的学科特点：知识量大，难度大，学习进度快，综合性强，系统性强，能力要求高，注重理解。

2. 改变学习方式：以理解和应用为主，要求学生要有更强的分析、概括、综合、实践能力，将基本概念、原理消化吸收。通过思考，悟透道理，使其变成自己的东西。强调“自主学习”，而不是“被动接受式学习”。

3. 尽快适应新环境，包括校园内的自然环境、学习环境、生活环境、制度环境、人际环境等。

4. 做好承受压力、经受挫折、忍耐寂寞的心理准备。

5. 学习要更加积极主动，养成良好的学习思维习惯，会质疑、会思考、会积累、会总结，努力做到各科均衡发展。

听从自己内心的声音

孙晓青老师：

您好！我是一名高三学生，我感到自己在处理人际关系上遇到了问题。高三以来，我的脾气变得更加差劲了。我很不喜欢那些虚伪的谈话，他们每天表面上笑嘻嘻的，可一转身恨不得使出浑身解数算计对方。我对人喜欢就是喜欢，不喜欢就是不喜欢。有几个玩得好的哥们儿说我需要多跟人沟通，不要整天板着脸，可我面对那些人就没有说话的兴趣。我感觉自己得了人格分裂症，我不想这样下去，不知道孙老师有什么好的建议。

木偶默刷

木偶默刷同学：

你好！从信中看出你是一个耿直、诚实的人。你在信中写道："我很不喜欢那些虚伪的谈话，他们每天表面上笑嘻嘻的，可一转身恨不得使出浑身解数算计对方。我对人喜欢就是喜欢，不喜欢就是不喜欢。"既然你没有曲意去迎合那些同学，自然不可能存在人格分裂倾向。所以，请不要给自己妄下"人格分裂症"的结论，导致自己不快乐，"脾气变得更加差劲了"。

毕淑敏在一篇《诚实让灵魂安宁》的文章中这样写道：

人人都欣赏诚实，喜爱诚实，但在谈到自己所具有的优点的时候，被提及最多的是善良、负责、有爱心，还有富于创新、吃苦耐劳、有团队精神等等，几乎没有人提到诚实。可见，诚实是一种多么受人尊敬又多么稀缺的品质。拥有这种品质的人，放射着光芒，这是一种温暖的人性的光芒。你要努力找到这样的人，和他们成为朋友。你更要努力成为这样的人，这会使你快乐安然。

大家都知道，当一种物质比较稀缺的时候，它的价格就会升高，"物以稀为贵"嘛！所以，不要以为诚实的人就没有好运气，当诚实越来越成为罕见的品质之时，你拥有了它，就是拥有了一种凝聚力。它会像磁石一样，把很多机会吸引到你附近。

诚实使人轻松。诚实的人比欺诈的人更轻松，所以更有智慧。他们没有羁绊，也不设防。他们不需要借助更多的辞令、表情，包括身世等等来包装和解释自己。诚实的人把真话像石头那样甩出去，自己反倒轻松了。

虽然老师没有当面与你接触过，但我能够想象你与同学交往时，如毕淑敏文中所说的“把真话像石头那样甩出去，自己反倒轻松了”的感觉。不过，人际交往也需要顾及别人的感受，所以，你的耿直、诚实或许要在人际关系处理上讲究一些技巧。的确如你几个玩得好的哥们儿所说，你需要多跟人沟通，不要整天板着脸，须知我们生活在一个丰富多彩的世界里，每一个生命来到世上都带着千姿百态，你不能也不可能要求所有人都与你一样，对吗？求同存异，就像不管是好天气还是坏天气，我们都不能挑选，不能改变一样。那么哪些是处理同学之间人际关系的法宝呢？

第一，要真诚、透明地交往。这并不是指无话不说，而是彼此能说真心话。比如，分享彼此的梦想，互相倾诉遇到的难题等。当看到对方“走错路”时要主动指出，也许当时会引起对方的不悦，但事后你的知己一定会对你心存感激。第二，积极关注对方。试着主动关心朋友的心情，观察他们的喜怒哀乐，记住他们的爱好、习惯。善解人意，不是委屈自己成全别人，而是你的“人意”我能理解，我的“人意”请你也要能理解。第三，不要刻意“拉拢”知己。真正的友谊一定是细水长流的，不需要轰轰烈烈的豪言壮语，也不一定要有回报。不要刻意去分辨到底谁是知己，认真对待身边的两三好友，才能引发彼此心灵的契合。

人是需要合群的，一旦你与他人的关系断裂，你就会感觉无助。但朋友这种宝贵的资源，不是轻易就能得到的，所以才有“人生得一知己足矣”的感叹。付出自己的真心、真情，才能收获真挚的友情。听从自己内心的声音，愿你的高三生活中有倾情相助的朋友陪伴。

小贴士 如何处理好人生的三种关系

季羡林说，一个人活在世界上，必须处理好三种关系：第一，人与大自然的关系；第二，人与人的关系，包括家庭关系在内；第三，个人心中思想同感情矛盾与平衡的关系。这三种关系，如果能处理好，生活就能愉快；否则，生活就有苦恼。一个人如何与周围的人交流，如何在天地间谋事，决定了他能否生活得愉快，能否工作得顺心，感情是否充实幸福，事业是否顺畅成功。

人与自然的关系上，只有以宽厚之德，包容万物，厚德载物，才能达到“与天地合其德、与日月合其明、与四时合其序”的人与自然和谐相处的目标境界。

人与人的和谐，几乎和人与自然是相通的，就是要做到知人，实现人际关系的和谐。在处理人际关系时，追求的是和而不同。“和”是众多不同事物之间的和谐，而“同”是简单的同一，前者主张多样，后者主张平衡。

人与自我的和谐，就是要做到知己，实现内在的和谐。做到知己，是知天地、知人的前提。

归纳起来，人生就是一种关系学，讲究的是人与自然、人与人、人与自我的关系。王羲之《兰亭集序》中有佳句，“天朗气清，惠风和畅”。如果我们能够处理好人生的三种关系，那么就能达到“天朗气清，惠风和畅”的和谐境界。

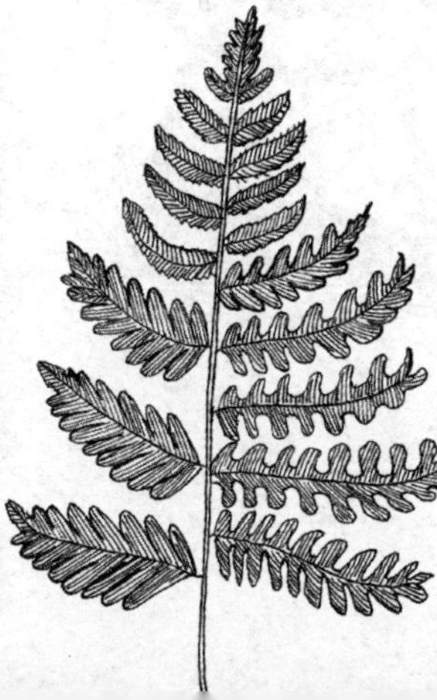

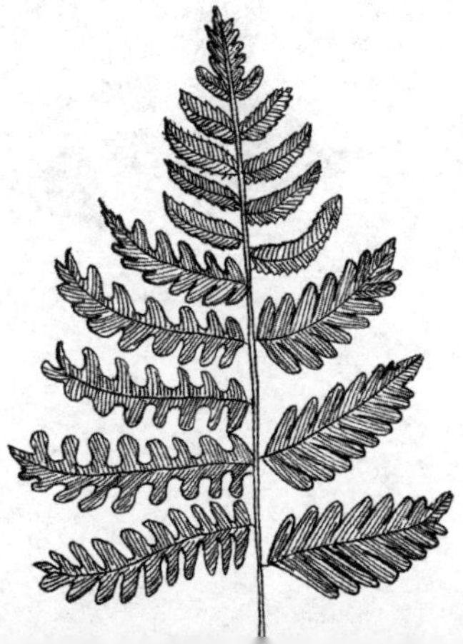

给自己一片蓝天

孙老师：

您好！我是一个将要进入高三的学生，成绩不怎么好，考试时有点紧张，但是我有信心坚持到最后。我相信只要我努力，是会考好的。现在我想找一个目标或一句话来激励我，以前我想过“为了将来不让别人看不起我”，一定要少睡觉，多努力，可坚持几个星期就忘了。我的理想是成为一名优秀的军人，但不知道上什么样的大学，特别迷茫，希望您能给我一点指导，谢谢。

超越自我

超越自我同学：

你好！从信中虽然看到了你的迷茫、焦虑以及缺乏意志力，但我还看到了你的乐观和自信。你尝试着用自我激励的方法让自己努力，这是令人可喜的。海明威说过这么一句话：“没有什么可以打垮你，除非你自己垮掉！”

即将进入高三，成绩不怎么好，有点考试焦虑，这都很正常，大多数高三学生都会有这种感觉。高三阶段，需要给自己一片蓝天，这个蓝天指的是你的现实规划。比如，你说你的理想是成为一名优秀的军人，那么你对军人的了解有多少？你对军校的认识是否全面和正确？绿色军营里没有霓虹闪闪，没有灯红酒绿，没有花前月下，有的是威武雄壮的身影、亲如兄弟的战友、殒身不恤的精神和用赤诚书写的辉煌。所以，军人意味着忠于祖国，献身国防，或常年扎根边远地区。和平年代的军人更是困难面前、灾难面前冲在一线的那部分人，所以你需要好好思考——你的思想道德境界如何？你有这样的政治觉悟吗？你的身体和心理素质能否胜任？

另外，对于高中生如何去当兵或者通过考上军事院校实现军人梦想的程序和手续，你是否清楚？在填报军校之前，应对所填军校所属的军兵种有一个大概的了解。比如说“二炮”，它实际上是我国地面战略战术导弹部队，是我国重要的核威慑力量，而有些考生却简单地认为“二炮”就是用于防空的双管炮。对这些情况没有全面了解的话，对所学专业也谈不上热爱了。军队指挥类专业主要招收理科生，如果你是文科生，录取的概率就很小。如果自己希望将来能成为翻译人才或军事院校的外语教员，可以报考坐落于古城洛阳的中国人民解放军外国语学院。中国人民解放军国际关系学院则是培养国际战略研究、作战指挥、军事外交、国防外事和外语翻译等方面专门人才的军事院校。有志于祖国防空事业的考生可报考中国人民解放军防空兵指挥学院、廊坊陆军导弹学院等。如果自己希望今后从事军事科研工作，那么报考中国人民解放军国防科学技术大学、中国人民解放军信息工程大学等是比较好的选择。在空袭日益成为战争先行的形势下，人民防空尤为重要，有志于人防工程的考生可报考后勤院校的相关专业。因此，只有结合自己的性格特点、兴趣特长选择一所适合自己的军校才能充分发挥自己的潜力。

不同的军事院校、不同的兵种专业对体格、心理素质、面试要求各不相同，所以你需要详细了解官方发布的当年军校报考条件资讯。因为每个省份的高考分数线都不相同，军事院校的录取比例和分数要求等也都各不相同，老师不清楚你的具体情况，只能靠你自己去了解，同时结合自己的年级排名、模拟考分数，确定目标学校。

眼下，你需要静下心来，摒弃杂念，心无旁骛，调整心态，激励自我，同时要锻炼自己的意志力。我想给你讲一个 2011 年《中国达人秀》舞台上被称为表演最成功的“科学达人”卢驭龙的故事。年仅 16 岁的他对科学有着执著的探索精神和实验精神，他 7 岁开始研究化学高能材料（炸药）。出于对他安全方面的考虑，他父母曾 24 次摧毁他的实验设备，但他依然坚持研究探索。2007 年，在一次化学实验过程中发生爆炸事故，他的手指被炸得只剩一点点皮连在骨头上，腿上炸了一个很大的窟窿，身上缝了 400 多针，做了几十次的手术……尽管如此，他探索科学的欲望依然没有消退，他说：“我被这些科学的东西所吸引，就好像我和死神签署了一个契约一样，无法抗拒它的诱惑。”我相信你一定会从这位“科学达人”身上获得启发：脚步有多坚实，你就能走多远。无论你想在哪一方面超越自我，除了有坚定的信念，有执著的精神，更需要不惧危难、不怕失败的一次次行动。

就像你的署名“超越自我”那样，希望你在高三阶段，目标清晰，激发动机，咬紧牙关，不舍不弃，在自己描绘的蓝天下，实现梦想。

小贴士 报考军事院校的八问

1. 报考军事公安类院校应注意什么？
2. 军事公安类院校面试有哪些主要内容？
3. 军校招生一类与二类专业区别在哪里？
4. 什么是国防生？
5. 国防生可享受哪些待遇？
6. 军校生与国防生有什么区别？
7. 军校生和国防生如何进行录取？
8. 公安、司法、安全、航海等院校如何录取？

以上八问提醒想要报考军事院校的考生必须关注当年高考招生网，以便结合自己的情况了解信息，掌握动态。

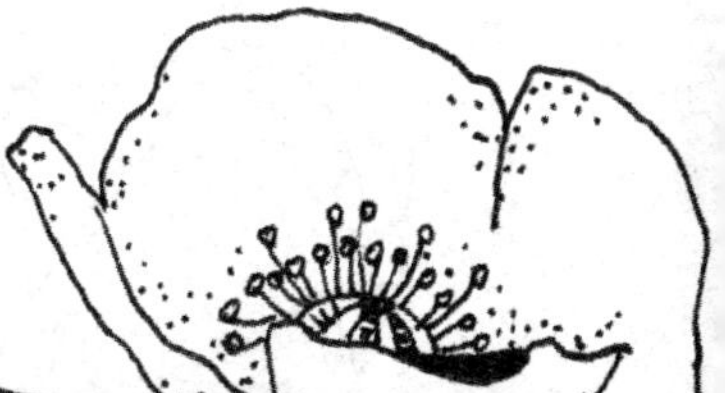

寻找生命中的“沉香”

孙老师：

您好！高二阶段的学习已接近尾声，离考试只有几天，但心里并没有一丝紧张，我认为这是好的。但是我知道，我是以一种考不好的心态来面对这次考试的。因为这一学期，我真的是很糟，从开始到最后我都没有静下心，我总在自责和忧虑中生活。以前的我总是很有自信，相信自己可以做好，可以打败自己心中假想的对手，可是几次的失败，让我灰心丧气，完全没了以前的自信，这让我很无奈，又很自责。我该怎么办呢？

上善若水

上善若水同学：

你好！感觉上你应该是一个潇洒淡定的孩子，因为离考试只有几天，别人一般都会紧张，或者“临时抱佛脚”地投入复习，而你却心里一丝紧张都没有。这样的淡定是难能可贵的，但可惜的是你是以一种考不好的心态来面对这次考试的。

前段时间，不断有一些学生来看我，因为去年我在高三任教，他们中的大多数通过自己的努力考上了心仪的高校，寒假高高兴兴回母校来看望我们这些陪伴他们走过高三艰难路程的老师。也有几个没考取本科，或是在大专院校就读，或是刚参加完今年春考的学生，问起他们有没有总结反思自己去年高考失败的原因，不少学生实话实说：“老师，我知道在高三每一天都需要努力，努力了才会有好结果，但我就是想看看我懒懒散散、不努力最终的结果是什么？说好听点是想体验一下崂山道士那种“不撞南墙不回头”的气概，说不好听点就是踩在西瓜皮上滑到哪算哪。”说这些无非想证明，想要潇洒淡定地面对考试必须是付出足够努力之后，天上掉不下馅饼来。

关于你信中提到的自信问题，我想给你讲个故事——

有一位年老的富翁，非常担心从小被他娇惯的儿子的前途。虽然他有很多财产，但他害怕留给儿子反而带来祸害。他想，与其留财产给孩子，还不如教他自己去奋斗。

于是，他把儿子叫来，告诉儿子自己如何白手起家，经过艰苦的拼搏才有今天。父亲的故事感动了这位从未出过远门的青年，激发了他奋斗的勇气，于是他立下誓愿：如果不找到宝物决不返乡。

青年打造了一艘坚固的大船，在亲友的欢送中出海。他驾船渡过了险恶的风浪，经过无数的岛屿，最后在热带雨林中找到了一种树木。这种树木高十余米，在一片雨林中只有一两株。砍下这种树木，经过一年时间让其外皮朽烂，留下木心沉黑的部分，会散发出一种独特的香气。放在水中，它不像别的树木那样浮在水面，而会沉到水底。青年心想：这真是宝物啊！

青年把这浓香无比的树木运到市场出售，可是没有人来买，这使他非常烦恼。在与他相邻的摊位上有人在卖木炭，那小贩的木炭总是很快就卖光了。刚开始的时候青年还不为所动，日子一天天过去，他的信心终于动摇了，他想："既然木炭这么好卖，为什么我不把香树变成木炭来卖呢？"

第二天他果然把香木烧成木炭，挑到市场，一会儿就卖光了。青年非常高兴，得意地回家告诉他的老父。老父听了，忍不住落下泪来。

原来，青年烧成木炭的香木，正是这个世界上最珍贵的树木"沉香"。一小块沉香木磨成的粉屑，价值就超过一车的木炭。

这个故事告诉我们，人生最大的缺憾，就是和别人比较。刻意地和别人比较是最容易丧失自我的。有的时候，幸福、财富本来就已经攥在了我们自己的手中，是因为和别人的比较，才让我们失去了自己所拥有的。同样的道理，你说："以前的我总是很有自信，相信自己可以做好，可以打败自己心中假想的对手……"是呀，原本的你其实不缺乏自信，但几次考试的失败，就让你丢失了原本的自信，不是很像故事中的青年守着珍贵的沉香却因为邻近摊位木炭好卖就把沉香变成了廉价的木炭吗？

自信其实就是我们生命中的"沉香"，而几次考试失败只需要仔细分析原因何在就可以了。重拾自信，摒弃自责，努力拼搏，一定会助你成功！

小贴士 建立自信就这么简单

尽管影响自信的很多因素都不受人控制，但是你可以坚持做一些事情以建立自信。采用以下10种策略，你可以获得激发潜能所需的精神优势。

1. 着靓装。

尽管衣着不能决定一个人自信与否，可衣服的确影响人的自我感觉。没有人比你自己更注意你的外表，因而你可以通过好好打理自己的外表来增加自己的自信。

2. 快步走路。

一般有自信的人走路都很快。走路速度提高25%可以让你看起来更加良好，也让你自我感觉更加自信。

3. 好的体态。

挺胸抬头，眼睛直视前方。拥有好的体态，你自然而然就会感觉更自信。

4. 个人商业广告。

写一个30到60秒的能表达你力量和目标的演讲稿。一旦你感觉需要信心助你向前时，就在镜子面前大声朗读演讲稿（如果你喜欢的话也可以在心里读）。

5. 感恩的心。

回想自己过去的成功、独有的技能、来自各方面的爱，还有积极的动力，你可能会为自己拥有这么多适合自己的事物而感到震惊，就会有动力朝成功迈向下一步。

6. 赞美他人。

称赞身边的人，在这个过程中，你将变得招人喜欢，还能建立自信。看到旁人最好的方面，将直接激发你自己最好的一面。

7. 坐在头排。

在教室以及其他的公共集会中，坐在前排，你可以抛开毫无理性的恐惧并建立自信。

8. 大声说出自己的想法。

只要努力在每个团队讨论中大声说出自己的想法，你就可能成为一个更好的公共场所发言者，对自己的想法也会更自信。

9. 体育锻炼。

体育锻炼能塑造体形，让自己充满活力，积极地做好事情。科学地锻炼身体不仅让你自我感觉更好，还能在未来的日子里创造积极的动力。

10. 关注贡献。

你对社会的贡献越大，你所获得的个人成就和赞誉就越多。

寻找合适的参照系，比出自信，点亮青春

孙老师：

您好！我是一个性格活泼且贪玩的孩子，身在实验班的我，心里有很大的压力。看看周围的人，总感觉他们都比我强，也总感觉他们都在用鄙视的眼神看着我，好像在说："成绩不好还经常笑，真可耻。"每次遇到难题时，我总会在心中自嘲道："放弃吧，你不行了。"就这样，我开始不自信起来。有时真希望自己能好好地发泄一下，但是我不能。我不仅要为自己而活，也要为父母而活，不能让他们失望，更不能让老师瞧不起。所以，我有时感到不是学习累，而是心累。我真的不知道自己该怎么办，请您帮助我！

紫藤罗

紫藤罗同学：

你好！一个原本性格活泼且贪玩的孩子，怎么进了实验班之后就变了呢？我们一起来分析一下你改变的原因：主要在于你进行自我比较的参照系改变了。可能你在原先的班级一直是名列前茅的好学生，那时候你一直是自信满满的；而进入实验班之后，大家都是从各班选拔出来的佼佼者，你的学业优势就凸显不出来了，是吗？于是勤学上进的你心里就有了很大的压力："看看周围的人，总感觉他们都比我强"。更加严重的是，你开始疑神疑鬼起来："总感觉他们都在用鄙视的眼神看着我，好像在说：'成绩不好还经常笑，真可耻。'"我可以想象原先活泼的你一下子变得连笑都不敢笑了，在这样的班级里学习生活是多么压抑呀。所以，找准自我比较的参照系很重要，一是和自己比，二是和年级里大多数同学比。和自己比，你只要感觉每天在进步，每天都学到了新的知识，这样就会很开心。和年级里大多数同学比，比方说，原先在年级中你的排名是 20 名左右，在原来的普通班，你可以保持在前三名，甚至是第一名，那么现在把年级中的精英都集中在实验班了，看起来你只能在班级排 20 名以后，但实际上在整个学校你还是排名靠前的呀。这样一想，你根本用不着不自信，按照自己原来的轨迹开朗活泼地学习，生活一切照旧，不是吗？

关于“每次遇到难题时，我总会在心中自嘲道：‘放弃吧，你不行了。’”的问题，老师给你讲一个小故事：从前有两只小青蛙，溜到农民的房子里玩，它们站到一个坛子沿上跳舞时，不小心掉到了里面。里面装的是黏糊糊的黄油，它们想跳出来，油太黏，想爬出来，壁太滑。几经尝试，没有结果。青蛙A边游边想，看来今天是没希望了，怎么也出不去了，反正没希望了，还游什么呢？这样想着，四肢越发划不动。而青蛙B呢，想到今天真糟糕，怎么都出不去可还是继续游游看吧，也许会找到办法。四肢虽然很累了，可它还是坚持游着，边游边想，只要还有力气，不管怎样，我都要游下去。就在它几乎划不动的时候，后脚碰到了坚实的固体。原来，在青蛙B不停地搅动下，黏糊糊的黄油凝固了。于是，青蛙B踩在黄油上跳出了坛子，高高兴兴回家了。

道理很浅显，不是吗？遭遇同样的情形，积极和消极的态度决定了行动方式和最终结果的不同。这里我想强调的是信念的力量，信念是战胜困难的勇气。学习中遇到难题对目前的你来说是摆在眼前的一个个考验，你需要拿出接受挑战、勇于奋斗的气魄和力量来战胜学习中的困难。就像青蛙B那样，当它执着地不停搅动，奇迹就发生了。学习过程又何尝不是这样呢？当你锲而不舍之时，可能也就是“金石可镂”之日。

至于人到底是为谁而活着，为父母活？为老师活？还是为自己活？孙老师很钦佩你，因为你是一个懂事、孝顺的孩子，我们今天生活中有那么多自私的只为自己活的孩子，而你却能够考虑那么多，“我不仅要为自己而活，也要为父母而活，不能让他们失望，更不能让老师瞧不起。”但如果因了这份心，而使自己背上沉重的压力，那就得思考一下了。毕竟我们每个人都是大自然赋予了精、气、神的独特个体，“我”才是生命的主体，就像宇宙空间里每一颗闪亮的流星一样，在人世间发出刹那的闪亮后最终都会陨落，所以归根结底还是要为自己活，要为看见自己最灿烂的笑容而活。只有这样，心才会不累。“活着是为了追求，为了拼搏，为了证明自己”，这样才能活出生命的质量和精彩。爱你的父母和关注你的老师都会为你而骄傲，为你精彩的人生而喝彩。

小贴士 蓝色可减压，使思维敏捷

你心情沮丧吗？或许应该看一看蓝色的东西。英国的一项新研究显示，尽管长期以来科学家认为蓝色与消极因素有关，但这种颜色也能增强自信心、减轻压力和使人感到愉快。此外，这项研究还显示，蓝色能让人的思维敏捷。

英国苏塞克斯大学研究人员让志愿者置身于各种颜色的灯光中。结果显示，置身于蓝色灯光中的志愿者完成测试的速度提高了25%，他们的反应速度提高了12%，手眼协调和回想单词的能力也有所改善。

研究人员邓肯·史密斯说："许多人认为某种颜色会使他们高兴、紧张或平静下来，或者让他们感到更幸福、更难过、更懒惰、更有活力。我们进行这项研究的目的就是根据确凿有力的科学证据发现这些好处，而非荒诞不经的说法。"进行这项研究以来，史密斯就一直穿着颜色鲜艳的短袜。他建议，在我们的日常生活中可以有意识地利用色彩。

愿内心深处洋溢乐天的气派

孙老师：

您好！如今我体验到了最难熬的高三生活。虽然我是一个乐天派，但迫于学业的压力我现在都没怎么笑过，尤其是努力无获的时候。我从不畏惧肉体上的疼痛，但我可算尝尽了心累的苦头！我告诉自己要简单地去学习生活，可我什么也学不会。再加上我暗恋隔壁班的一个文科女生，她很优秀，我曾把她当成学习的动力，却又接连失败，使我信心受挫，活得何其累！我该怎么办？

少年 Mu

少年 Mu：

你好！从信中感受到你的压力和种种负面情绪："最难熬"，"现在都没怎么笑过"，"尝尽了心累的苦头"，"接连失败，使我信心受挫，活得何其累"。我想先从你如何学会笑说起，因为"笑是最受欢迎的情绪"。流传在我国民间的一句谚语"笑一笑，十年少"，是精神情绪与心理健康之间关系的最生动、最精妙的总结。一个人的情绪直接影响到他的学习、生活和身心健康，能让自己的脸上多一点微笑，是快乐生活的象征。这里给你讲一个"微笑比高贵的穿着更重要"的小故事——

曾有一个获得丰厚遗产的纽约妇人，在参加一次宴会时急于给每一个人留下良好的印象，她浪费了好多金钱在黑貂皮大衣、钻石和珍珠上面，但是，她对自己的面孔没有下什么功夫，她的表情尖酸、自私。其实，人们所看重的是一个人的面部表情，这比她身上所穿的衣服更为重要。

故事给我们的启发是：微笑是一种令人愉悦的表情。每当别人面对微笑的你时，他会感受到你的自信、友好，同时你的笑容能照亮所有看到它的人。善用你的微笑，因为微笑比皱眉更能传达你的心意。

每年孙老师在高三上课时总要让他们做个小游戏："画出我眼中同桌的笑脸"。高三学生的确因为学习压力、作业如山、试卷翻飞、时间紧张等原因，每天行色匆匆，鲜有学生能够经常绽放笑容。于是我别出心裁，想以这个游戏为手段，让高三学生在忙碌之余仍然关注自己的面部表情，仍然能够每天把自己收拾得简单清爽、干净利落，令人赏心悦目。为了完成这个游戏，同桌之间必须要为对方绽放出一个灿烂的笑容，这样同桌才能够捕捉到，能够画下来。于是，那节课的课堂里自始至终充满了欢声笑语。我还要求学生们署上时间、日期、姓名，作为临近高三毕业前的一份特别礼物，赠送给对方。另外，我还把学生的作业扫描之后挂在我的教学魔灯平台上，毕业之后考上各个大学的同学们仍然可以浏览我的魔灯平台，回忆起学生时代的高三，回忆起当时同桌之间共同完成这个“笑脸”的过程。学生们在给我的留言中写道：“再次浏览老师的魔灯，看到当年我眼中的同学笑脸，此时此刻，心中流淌的都是高三的甜蜜回忆，那样简单、单纯的生活一去不复返了。”

“我从不畏惧肉体上的疼痛，但我可算尝尽了心累的苦头！”这里老师感觉你有点“为赋新词强说愁”的滋味。实话实说，你有没有拿出过“头悬梁，锥刺股”的吃苦精神？你有没有“劳其筋骨，饿其体肤，空乏其身”的经历和勇气？你有没有像越王勾践那样卧薪尝胆的毅力和胆魄？如果没有，那么你所说的“努力无获”，一定是你的努力目标还不够明晰，你努力的方向还不够正确，你努力的程度还不够到位。

至于你暗恋隔壁班的文科女生，她很优秀，曾把她当成学习的动力，这点老师觉得无可厚非。正值青春年少、妙龄怀春之际，有所暗恋，能够把她当作学习的动力，激发自己的学习动机，发挥出青春期朦胧情感的正能量是一件可喜的事情。我以为你接连失败的关键问题，可能是因为你的愁容满面，可能是因为你的情绪低落，那位女生根本没有正眼瞧过你，是吗？果真如此的话，需要改变的还是你自己，当你学业成绩令人刮目相看，当你以青春勃发、阳光开朗、积极向上的精神面貌出现在那位女生面前时，我相信你会令她怦然心动的。

就像罗曼·罗兰称赞约翰·克里斯多夫的一句话：“即使在他最为痛苦的时候，他的内心深处也洋溢着一片乐天的气派。”更何况原本就是乐天派的你，愿你的笑容像穿过乌云的阳光，能够帮助你树立自信，让你感受到一切都是有希望的，世界是充满欢乐的，即使在压力重重的高三。

小贴士 十条快乐小贴士

1. 一吐为快。

切莫将想说的话强压心底，只有说出来才有助于心态的平衡。

2. 两手准备。

凡事应该预先多设想可能出现的最坏结果及相应的对策，这样，你就会对自己的应变能力充满信心。

3. 拥抱自然。

旅行可使你重获活力。有时间，到郊外走走，看看青山隐隐，听听流水潺潺，心情自然得到放松。

4. 聆听音乐。

音乐是一个多功能的处方。当你烦得快要不行的时候，不妨买上一盒带有海浪拍岸或热带丛林背景音乐的CD，在一个宁静平和的氛围中闭目聆听。

5. 快乐复习。

当你觉得压力已不堪承负的时候，给自己沏杯热茶，扭亮台灯，打开相册，让昔日慢慢重现。于是，世间的纷争于你也就不那么重要了。

6. 体味童趣。

有空多和孩子一起玩耍，和他们一起尽情欢笑，体味儿时的那种无忧无虑。

7. 忙里偷闲。

提早起床，外出散步，尝试做做运动。

8. 发泄疗法。

给自己买一个毛绒玩具，权且在心情烦乱的时候充当一下发泄的对象。

9. 超越极限。

你只需要在晨练时多跑出几百米，或者只是几米，让自己觉得即使在如此大的压力下，依然可以有实力超越自己。

10. 挖掘潜力。

创造力是对自身能力的最好肯定，它可以让你感到一种被认可的快乐。

如果你能从别人的角度多想想，你就不难找到处理问题的方法，因为你和别人的思想沟通了，就有了彼此理解的基础。

——卡耐基

第三辑　沟通有方

人际关系是人们通过交往产生的心理关系。中学生的人际交往对象主要是老师、家长和同学。“人好刚，我以柔胜之；人用术，我以诚感之；人使气，我以理屈之。”形象地说明沟通是有方法、有技巧的。本辑指点有效沟通的窍门，帮助学生学会理解他人、尊重他人、以诚待人，从而愉悦自如地生活在社会群体中。

寻找属于自己的友伴群

孙老师：

您好！我是一名高一学生，我周围同学家境都不错，但是我家有点贫困。他们都是一身名牌，说话都比较“霸气”，我总是显得和他们格格不入。我虽然尽可能地去加入他们的世界，可还是被排挤在外！我知道不要去和他们攀比，但是我如何加入他们的世界呢？

豆　豆

豆豆同学：

你好！从来信中读到了你的苦恼和矛盾。其实你知道这份烦恼是因攀比而来，因为你说“我周围同学家境都不错，但是我家有点贫困。他们都是一身名牌，说话都比较‘霸气’，我总是显得和他们格格不入。我虽然尽可能地去加入他们的世界，可还是被排挤在外！”你也知道不要去和他们攀比，可还是想加入他们的圈子。这里涉及青少年成长过程中的人际关系处理问题，按埃里克森的人格发展理论，这一时期个体面临的关键问题是亲密对孤独，也就是说要建立起一种亲密的人际关系，这个过程失败将导致孤独。

你尽可能地加入他们的世界，想有一个能够自由交往、自发形成的友伴群。老师想告诉你，学生友伴群尽管不受具体的规章制度的约束，却是有如下几个特点的：第一，情感成分突出。成员的态度、价值观较为接近，甚至一致，情感成分在调节彼此人际关系中起主要作用。第二，直接接触和交往。与班集体不同，在友伴群成员之间必然有直接的接触和交往。第三，行为倾向一致。友伴群通常有自己的规范，面对同一事件或情境时会表现出相同的行为倾向。第四，角色地位相仿。

由此分析，你现在所在的友伴群的确与你格格不入，因为他们的家境都不错，他们都是一身名牌，而你家有点贫困，这必然造成你们之间的价值观不同，生活理念和行为方式也不同，你即使改变自我，也还是不可能融入他们的世界的。所谓“物以类聚、人以群分”，说的就是这个道理。

随着社会生活的变化，人们之间贫富差距的加大，这种现象不仅在社会上存在，在校园中、在学生群体中也存在。而家境的富裕与贫困，不是你自己可以左右和改变的，也不是一下子可以改变的，对吗？姑且不去评论他们因为身穿名牌就可以说话比较“霸气”的对与错，对照上述友伴群的特点，显而易见，你们之间的情感成分、接触交往、行为倾向和角色地位都是不平等、不匹配的，所以老师建议你还是去寻找属于自己的友伴群，感觉会比较舒服、适宜。

这里给你讲一个故事：

有一次，比尔·盖茨和一个朋友开车去希尔顿饭店。到了饭店前，他们发现停了很多车，车位很紧张，而旁边的贵宾车位却有不少空着，朋友建议把车停在那儿。

“哦，这要花 12 美元，可不是个好价钱。”盖茨说。

“我来付。”朋友坚持道。

“那可不是个好主意，他们超值收费。”

在盖茨的坚持下，他们最终还是找了个普通车位。

盖茨最讨厌不等值，但他从不小气，看看他这些年为慈善机构所做的贡献就知道了。

大多数千万富翁的生活，比那些想变成富翁的人还朴实！一味地追求身份地位，其实只是告诉别人你在用光鲜的外表来掩饰你内心的自卑。只有尊重自己的人，才有能力投射出谦逊的外表。由此可见，家境的富裕与贫困，并不能代表生活方式的快乐与否，只要找到属于你的友伴群，没有攀比的压力，没有相形见绌的心理失衡，你会学习生活得非常轻松愉快。

小贴士 影响学生人际关系的因素

人际关系，是人们通过交往产生的心理关系。学生的人际关系指同一班级中的学生们在相互交往过程中所形成的个体间相互认识、相互亲疏等的心理上的距离度。这种距离度以及它的发展变化对学生的学习、生活和健康都会产生积极或消极的影响。事实上，它反映了学生在心理依存上的相互关系，也反映了作为个体的学生寻求某种需要的心理状态。

学生人际关系主要受下列因素的影响：

1. 相似性因素。学生在年龄、性别、文化修养、社会背景、信念、态度、价值观等方面的相似度高，彼此之间就容易接近并形成肯定的人际关系。这些方面的相似度低，人际关系就容易疏远，甚至具有消极性质。

2. 接近性因素。空间距离的接近，使双方交往省时省力，彼此接触和了解的机会就会增多，这对发展相互关系能起到促进作用。但要注意，彼此情感对立时不宜急于接近，否则会使关系紧张。

3. 补偿性因素。人际交往中，双方都渴求达到一定的目的，满足一定的需要。这种自觉或不自觉的社会动机是人的一种自然心理倾向。这种补偿包括获得别人的肯定、同情、勉励、援助等。

4. 仪表因素。这种因素在交往之初起着极为重要的作用。开始接触交往时，一个人的容貌、服饰、风度、个性等常会给对方留下一定的印象，或肯定或否定，这会影响以后人际关系发展的方向。

分清主次　学会拒绝

孙老师：

您好！我是高三的一名差生，眼看离高考仅有几个月的时间了，我不想再无所事事虚度光阴了，想通过努力给自己拼一个好前程。这就意味着要把大量的时间和精力放在学习上，不能经常参加朋友们的聚会，也不能经常和他们聊天了。慢慢地，我发现我和朋友们之间有了隔阂，我感到很苦恼，朋友们也说我忘了昔日友情，对我另眼看待。但是看到自己的成绩渐渐有了起色时，我心里多少有了安慰，也更加坚定了好好学习的决心。我想等高考后再去经营和朋友们的感情，这样做可以吗？

晴雨无觉

晴雨无觉同学：

你好！从来信中读出眼下的你主要的困惑是如何处理好学习与友情之间的关系，这里老师先给你讲个故事："芬克斯"酒吧的原则——

有一位名叫罗斯恰尔斯的犹太人，在耶路撒冷开了一家名为"芬克斯"的酒吧。酒吧的面积不大，只有 30 平方米，但它声名远扬。

有一天，他接到一个电话，那人用十分委婉的口气和他商量说："我有 10 个随从，他们将和我一起前往你的酒吧。为了方便，你能谢绝其他顾客吗？"

罗斯恰尔斯毫不犹豫地说："我欢迎你们来，但要谢绝其他顾客，这不可能。"

打电话的不是别人，是时任美国国务卿基辛格博士。他是在访问中东的议程即将结束时，在别人的推荐下，才打算到"芬克斯"酒吧的。

基辛格最后向他坦言："我是出访中东的美国国务卿，我希望你能考虑一下我的要求。"罗斯恰尔斯礼貌地对他说："先生，您愿意光临本店我深感荣幸，但是，因您的缘故而将其他人拒之门外，我无论如何也办不到。"

基辛格博士听后，摔掉了手中的电话。

第二天傍晚，罗斯恰尔斯又接到了基辛格的电话。他首先对昨天的失礼表示歉意，然后说明天只打算带三个人来，只订一桌，并且不必谢绝其他客人。

罗斯恰尔斯说："非常感谢您，但是我还是无法满足您的要求。"

基辛格很意外，问："为什么？"

"对不起，先生，明天是星期六，本店休息。"

"可是，后天我就要回美国了，您能否破例一次呢？"

罗斯恰尔斯很诚恳地说："不行，我是犹太人，您该知道，礼拜六是个神圣的日子，如果经营，那是对神的玷污。"

基辛格无言以对，只好无奈地离开了耶路撒冷，至今也没能在中东享受这家小酒吧的服务。

这个故事，可能很多人不信，但事实确是这样。这家小酒吧连续多年被美国《新闻周刊》列入世界最佳酒吧前十五名。一个只有 30 平方米的小酒吧，竟能享受如此之高的美誉，的确令人惊讶。但当你读了这个故事之后，恐怕其中的原因就不言自明了。

我想你从罗斯恰尔斯身上读到了一种难能可贵的品质，是不是？那就是拒绝的勇气。在需要拒绝的时候，要敢于拒绝任何人，即使他是像基辛格那样的高官和权贵。拒绝是一门棘手的学问和艺术，但只有那些能够在适当的时候学会拒绝一些东西的人，生活才能过得洒脱和自尊，所以生活中的我们，有时必须学会拒绝，学会说"No"。

身在高三，高考的日子已经倒计时，你自己也清楚"我不想再无所事事虚度光阴了，想通过努力给自己拼一个好前程。这就意味着要把大量的时间和精力放在学习上，不能经常参加朋友们的聚会，也不能经常和他们聊天了"；而且你不仅是这么想的，也拿出了一些行动，同时你的努力的确给了你一些宽慰和信心，不是吗？因为你的学习成绩渐渐有了起色，由此也使你更加坚定了好好学习的决心。你说"我想等高考后再去经营和朋友们的感情"，老师完全支持你这么做，这是你心智成熟的表现，因为你学会了分清主次，学会了抓住问题的主要方面，知道要为自己的前途拼搏。

如果这些朋友是你真正的朋友，我相信他们能够理解此时的你，不会因为你短短几个月中不参加他们的聚会，不和他们聊天，就割断了你们之间的友情。

如果友情不是从朋友的切身利益出发，仅仅靠聚会、聊天来维系，也未免太脆弱了吧！

最后，老师还想提醒你的是，不要轻易给自己贴"标签"——认为自己是一个差生。因为从信中的字里行间，我能够读出的你是一个头脑冷静、思维清晰的高三学生，只是可能过于看重友情，没有处理好学习与友情之间的关系而已。一旦你处理好这些关系，明确当务之急的话，生活将会向你展示它迷人的一面。要充分相信自己，能够在高三的最后阶段通过自身的努力，走出低谷，让喜悦像涓涓细流般缓缓淌过你的心田。

小贴士 处理好“忙与盲”“舍与得”的关系

1. 忙与盲。

在校园学习中，似乎每个人都在抱怨着自己的“忙”——甚至连休闲的时间也没有。我们有时会一厢情愿地认为忙与成功相关，于是习惯了从忙碌中寻找安全感。但当被问到忙来忙去在忙什么时，许多人会发现自己忙的事似乎与自己想要的生活并无必然联系。于是，忙碌成了逃避的借口，让人无法停下来去思索生命中最重要的是什么。

张艾嘉在歌曲《忙与盲》中这样唱道：“我来来往往，我匆匆忙忙，从一个方向到另一个方向。忙忙忙，忙忙忙，忙是为了自己的理想，还是为了不让别人失望。盲盲盲，盲盲盲，盲得已经没有主张，盲得已经失去方向。忙忙忙，盲盲盲，忙得分不清欢喜和忧伤，忙得没有时间痛哭一场。”身体的忙碌，有时意味着心灵的迷茫和行动的盲目。我们常常发现一些没有目标或目标不够清晰的人，虽然每天忙忙碌碌，却是“忙 = 盲”，使生活毫无意义。

2. 舍与得。

舍得，有舍才有得。学习中一定要分清主次，取舍得当，这样才能有条不紊。记得一篇文章中曾写过土著人自古以来流传着一种神秘的习俗：在赶路时，会竭尽所能地拼命向前冲，但每走上三天，便需要休息一天。他们说，这样做是为了让灵魂能够追得上赶了三天路的疲惫身体。所以，处理好“舍与得”的关系，不仅仅是一种能力、一种智慧，更是一种生活态度。

和而不同　共处共赢

孙老师：

您好！我的舍友每天晚上上完晚自习，都要在宿舍说说话，到11点多才去睡觉。虽然有时候她们说话很小声，但我还是觉得吵。有什么办法可以加强自己的抗干扰能力呢？

淡定的人生

淡定的人生同学：

你好！尽管我很理解你的苦恼，但还是要和你谈谈人与人之间的相处之道。先介绍你认识一位社会学家——费孝通先生。他认为，在世界上生活的各群体应当求同存异，相互理解，承认别人的传统价值标准是“美”的，做到“美人之美”，达到全人类和平共处、“美美与共”的境界，实现“天下大同”。他曾在八十寿宴上提出“各美其美，美人之美”的设想，精练地表达了“和而不同”的文化主张。他反复强调中华文明的秩序是建立在以“礼”为核心的儒家思想的基础之上的，中华文明是一种对话的文明，它有助于在东西方文化之间达成相互理解和包容，使不同文明之间的对话发展成为“文明的对话”。不同种族、民族之间，不同国家之间尚且如此，更何况我们人与人之间，特别又是同学之间呢？

所以，首先，你需要做的是有礼貌地和舍友进行沟通，忍着不说的话她们就不知道你的真实想法，她们也许觉得“在宿舍说说话，到11点多才去睡觉”很正常，并不存在什么问题。既然你觉得吵，影响到你的学习生活了，最好直接跟她们提出来：“某某同学，我知道你们喜欢聊天，但是，能否换个时间呢？因为我想休息了，你们可以再小点声吗？谢谢配合！”“时间已经不早了，你们还不困吗？明天还要那么早起床呢！”

寝室同学相处，需要求同存异，学会共处。学生宿舍本来就是一个相对公共的场所，大家有缘住在一起，同学三年，同窗共读，朝夕相处，自然应该像一家人那样既坦诚布公，又相互尊重。一般来说，为保障住宿生的睡眠，学校都会规定熄灯时间，熄灯后说话应该是不允许的。所以，建议你不妨直接跟她们提出来，充足的睡眠才能保证第二天精力充沛地投入学习，不是吗？

其次，学会谦让。现在的你们大都是独生子女，平时在家里都是被家人呵护、迁就惯了的。开始过这种集体生活时，大家往往会因为生活习惯、作息时间的不同，又因为互不相让而产生种种矛盾。其实，相处就是要学会接纳别人，接纳与自己不同的生活方式，大家都互相退让一步，问题往往可以迎刃而解。你可以和舍友们相互沟通，大家协商一下解决办法，比如："我是喜欢早睡的，但你们可能晚上还没有那么困，我想我们是否可以协调一下，你们比平时早一点休息，我呢，比之前迟一点睡觉，大家在熄灯后就都停止嬉笑说话可以吗？"一般的寝室问题最好自己解决，毕竟这也是锻炼自己人际交往能力的一个很好的机会。

最后，我再介绍你认识恒信钻石机构董事长李厚霖。他把人生比作转山，背驮苍穹，旷野茫茫，转山过程中总会遇到艰难险阻，唯有坚持，忍耐，认识自己，相信自己，才会接近成功。这便需要你自己通过增强心理弹性来适应他人和环境。

少年毛泽东每天故意让自己坐在长沙闹市口读书，如长沙成章街头的菜市场，他每天都坐在那看书，以培养自己看书的静心、恒心，挑战自己的注意力、定力，老师觉得你不妨一试。假如他人就是不能改变，那么能够改变的只有你自己了。学会忍耐，忍耐寝室同学的讲话声，学会在他人的讲话声中安然入睡。久而久之，习惯成自然，当她们再讲话时你也无所谓了。因为这样不仅培养了你的容忍心，而且能够使你更开放、更接纳他人，在适应环境方面更接近成功。

小贴士 **寝室抗干扰的办法**

1. 挂上较为厚实的蚊帐。
2. 蚊帐外再围一个封闭性比较好的挡光布帘。
3. 睡觉时佩戴防噪隔音耳塞和睡眠眼罩。
4. 睡觉方向可以朝向室友的远侧。
5. 实在影响睡眠，可以找老师出面协调或更换宿舍。

青春做伴莫焦虑，巧借树干助成长

孙老师：

您好！在初中时我是一个脾气暴躁的人，高中后开始慢慢收敛。可是最近又没忍住，打了一个女生（只是轻轻打了一下），她竟然哭了。我很内疚，也很后悔，于是写了封道歉信给她，但心里仍有些不踏实，我该怎么办？我怕因此给大家留下坏印象，我想和同学搞好关系，多参加课外活动，这样才能拿到综合素质评价A等级。同时，我急于把成绩提上去，晚上总熬夜，白天打不起精神……我心里很乱，希望您能给我一些帮助！

雨檐滴

雨檐滴同学：

你好！首先老师帮你分析一下你目前的心理状况，从信中看到你很矛盾，你用“脾气暴躁”形容自己，进入高中后努力在“慢慢收敛”，但有时仍然会冲动，比如：“最近又没忍住，打了一个女生（只是轻轻打了一下），她竟然哭了。我很内疚，也很后悔，于是写了封道歉信给她，但心里仍有些不踏实……”你的人格特质中有比较冲动的一面，尽管你会为自己的行为感到抱歉，但毕竟事情发生了，总会给其他同学留下不好的印象，为此你处在担心焦虑之中：“我怕因此给大家留下坏印象”，怕拿不到综合素质评价A等级。“他人的好印象”“综合素质评价A等级”是你内心深处非常看重的部分，于是这些担心和焦虑导致你心里很乱，影响睡眠。在我看来，晚上熬夜可能不仅仅是在用功学习、做作业，也在走神、浮想翩翩，于是觉也睡不好，白天打不起精神……其实这是青春期焦虑的一些表现。心理学家埃里克森在他的《儿童期与社会》一书中提到，青春期和成年早期的心理特点分别是“同一性vs角色混乱”“亲密vs孤独”，格外强调这一阶段人格特质的发展任务是获得亲密感、避免孤独感，建立与他人的人际关系，以从中获得激励、自信和归属感。所以，你的心烦意乱我很能理解。

我们人类本身就是群居动物，每一个人都生活在社会群体中，这些社会群体就像由无数个小结构结成的一张张无形的网，每一个人只是网上一个十分渺小的节点。生活在这样一张大的网里面，我们这些孤立的点要活起来，就必须与其他的“点”联系起来，与他们接触，这样，我们才不会成为一个“死点”。

美国心理学家在贝尔实验室做过一项研究，结果说明了良好的人际关系对于一个人事业成功和生活舒畅的重要性。该实验室里的人员都是学术智商很高的工程师和科学家，但他们中有的人出类拔萃，有的人碌碌无为。原因在于，那些有突出成就的人人际关系良好，交友广阔，拥有稳定的交际网。他们在遇到困难时，可以随时打电话去寻求他人的帮助，并且很快有结果。而那些表现平庸的人，虽然也会寻求他人的帮助，但往往是徒劳。

生活中你有没有观察过，如果枝头上果实累累，且液汁甜蜜、色香味美的话，那么一定是果实从树干上吸收了丰富的营养。因为树枝本身是不能单独生存的，把树枝从树干上砍下来，其结果一定是萎黄与枯死。同样，一个人的力量也是从"人类心脏""人类树干"中得来的。一个人从别人那里所摄取的能量越大，品质越好，那他个人的力量就越大。可见，良好的人际关系不仅能使一个人和谐地融入群体，为群体所接纳，使自己的知识和能力得到极大的拓展，而且是与他人合作，实现互利互惠的基础。

在学校里，良好人际关系的建立需要你自己付出努力，比如：首先改变自己暴躁的脾气，微笑待人，乐于助人，使自己的学习成绩尽快提高上去，有足够的资本去帮助同学；同时，积极参与各项活动，在团体活动中学会与人交往……最后希望你拿出实际行动来，在良好的人际互动中走出焦虑，获得成长。相信人际关系的和谐会给你带来开心舒畅的校园生活，同时助你学业成功。

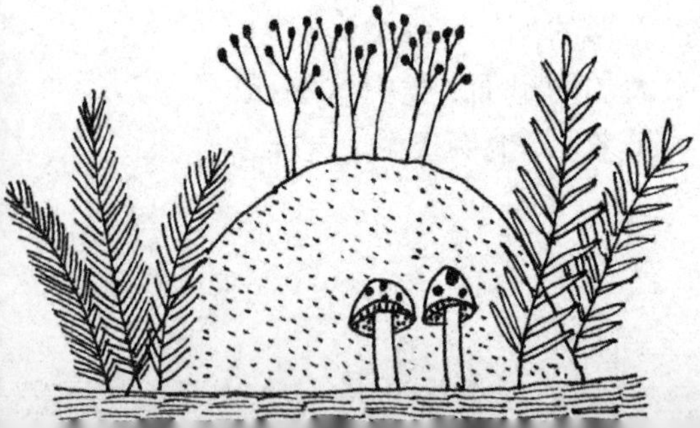

小贴士 如何建立良好的人际关系

1. 改变你的心态。

人际交往的价值往往体现在你是否能够与人互帮互助，所以要尽量做到与人为善、善待他人，而后才能理解人、谅解人、欣赏人、体察人，体现你人格的魅力。

2. 合适的场合讲合适的话语。

对窘迫的人讲一句解围的话，对颓丧的人讲一句鼓励的话，对迷途的人讲一句提醒的话，对自卑的人讲一句振作的话，对痛苦的人讲一句安慰的话……这些良言既不需要花什么金钱，也不需要耗费多少精力，但对需要帮助的人来说却是旱天的甘霖、雪中的炭火。

3. 一笑值千金。

微笑的魅力是无穷的，它可以使你更健康。一个亲切的微笑告诉别人：“我喜欢你，你使我愉快，我真高兴见到你！”

4. 牢记对方的名字。

人们对自己姓名的兴趣，远远超过对其他人名的兴趣总和。姓名作为一个人的象征，倘若被人流畅地叫出来，他会觉得受到了尊重和礼遇。

5. 让对方觉得自己很重要。

与人交往，你需要别人知道你的价值，需要别人的认同，需要受到重视，那么，你必须让你遇到的每个人倍感自己重要、被需要和被感激。

改变和沟通　适应新环境

孙老师：

您好！我是一名刚转到新学校的高一学生，虽然对环境熟悉了，可老师讲课的方式和我预期的大大不同，每次听课都迷迷糊糊的。就这样，我每次上自习时都很迷茫，不知道该学什么，看看哪一科都不想学，最后彻底就不想拿书了。我害怕我会这样堕落，该怎么办？

小郁闷

小郁闷同学：

你好！从信中感受到你在新高一环境适应方面面临一些问题和焦虑。当今，随着时代的节奏，随着生活中的变数，随着成长的步伐，人们不断地改换学习、生活环境已很常见。面对环境的改变，如何去适应新的环境，尽快融入其中，使自己游刃有余并且能够提高自己，是许多人都会碰到的问题。

你信中说“虽然对环境熟悉了”，其实是你对环境适应的一种片面理解。这里的环境适应，不仅仅指物化的硬件环境，比如教学楼有哪些设施设备，图书馆在哪里，卫生室在哪里，食堂什么时候开饭，水房在哪里，等等。更重要的是人际环境的适应，是陌生的同学，是全新的教师，是比初中深了许多的学习科目，是与以往初中学校完全不同的教学模式、教学风格，等等，这在你的信中便反映了出来：“老师讲课的方式和我预期的大大不同，每次听课都迷迷糊糊的。”

最近老师看到一则报道，在此与你分享——

进化论学者推出了一种新理论，认为人类在适应气候的变化过程中提高了智力水平。在地球上，人类的分布范围之广，超过了其他任何一种哺乳动物。无论你走到世界哪个角落，都会找到人类的足迹，然而，其他哺乳类动物，比如斑马和大猩猩，都是生活栖息在特定的地域之内。那么，究竟是什么原因造成了人类和其他哺乳动物之间的这种区别呢？

美国史密斯自然历史博物馆的人类起源部主任里克·波茨表示，自从一颗巨大的流星在6500万年前使恐龙归于毁灭以来，地球在以往500万年到600万年间，所经历的气候变化超过了其他任何时期。波茨说，人类的进化时期恰好跟地球上气候变化最活跃的时期相重叠，在这个时期里，造成灾难的地震和季风等活动不断发生，而这种变化莫测的自然现象对早期人类形成了挑战。

按照这种“变异选择设想”，脑容量比较大的动物可能会更灵活地适应环境的变化，那些不能适应气候变化的动物物种，是不能持续繁衍后代的。

我想这种“变异选择设想”应该不难理解，就是通过自我的改变去适应环境的改变，所谓“适者生存”就是这个道理。人类的进化史证明，作为高等动物的人类完全有这个能力，如果能够尽快适应环境的改变，其实也挑战了你的脑容量和智力水平，别人行，你也一定行，不是吗？

进入高一年级，同学改变了，老师改变了，学校变大了，可能离家也远了，甚至有些同学选择住校读书，等等，这都是改变。作为个人，你会情不自禁地怀念初中时的美好时光，想念父母，思念好友，这些都很正常。但你无法改变环境，所以你只能通过自己的改变去尽快适应这一切。

学习方式完全不同于初三时记记背背的应考模式，高中各科目的难度增加了许多，作业量也相应增加，需要更多的独立思考、看书自学。当你“每次上自习时都很迷茫，不知道该学什么，看看哪一科都不想学”时，你可以多请教其他同学，多与老师沟通，获得他们理解、支持和帮助，进而请教学习方法。

最关键的是你要主动努力，尽快记住同学的姓名，友善待人，不懂就问。学会取人之长补己之短，学会观察，主动与人交流，而不是封闭自己，被动地等待他人的认同与接纳。

你还可以将自己的烦恼与父母多沟通，千万不能在高中生活刚刚启程之际就选择放弃。要加强意志力训练，磨炼自我，想方设法投入新的学习环境之中，可以根据老师在“小贴士”中提

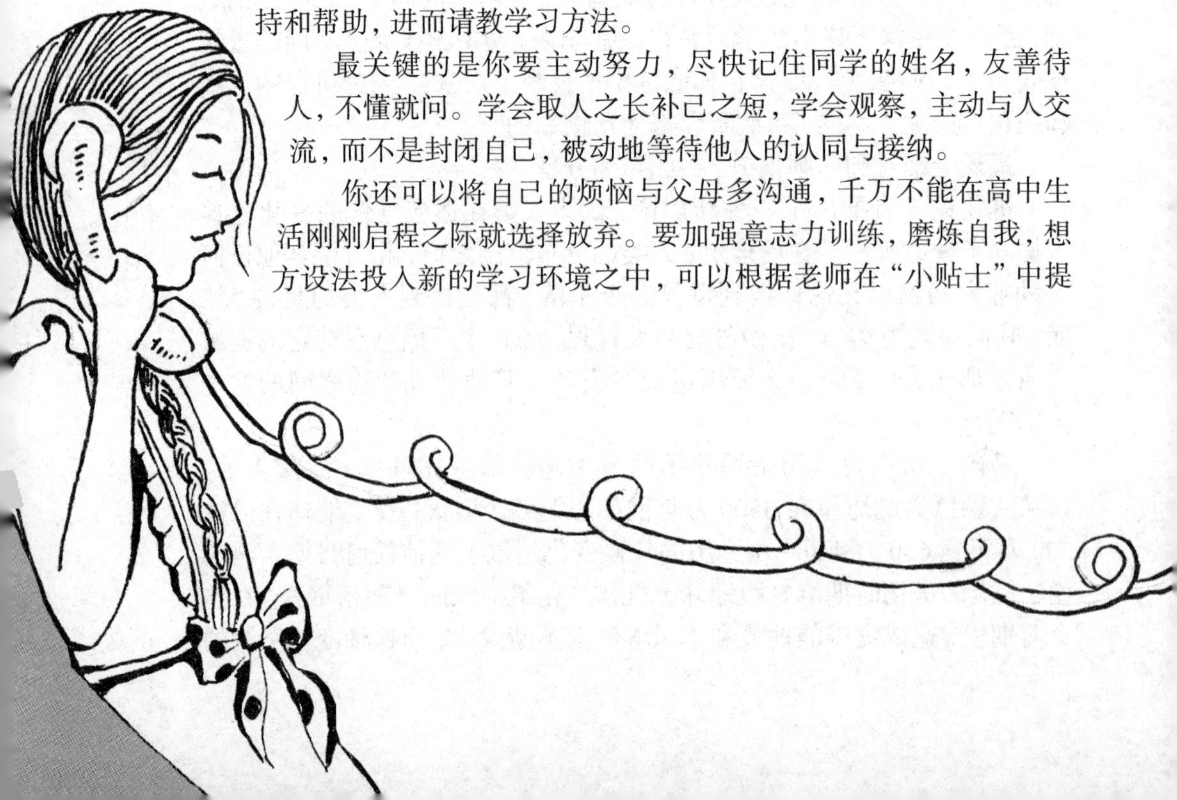

供的“高中学习方法”，去摸索、去实践，直到建立并完善属于你自己的学习方法，尽快走出这段“心理回归”期，以饱满、自信的姿态迈向高中生活的新阶段。

小贴士 高中学习方法

1. 考试之前努力复习，特别是成绩中等的学生，勤奋总是不变的法宝。

2. 学会劳逸结合。高中的学习很紧张，但不能为了学习而牺牲身体，要在课余时间保持适度的体育锻炼，增强体魄。另外，充足的睡眠很重要。

3. 保持乐观，积极向前看。高中考试很多，所以要以平常心对待考试成绩的起伏。一定要保持乐观的心态，绝不放弃，相信自己是最棒的，相信自己一定能在三年的努力后取得让自己满意的成绩。

4. 编织思维导图，准备各科的纠错本。编织思维导图便于发现知识的内在联系，自我整理、学会纠错，才能找到不足，才能取得进步。

5. 持之以恒。高中学习是个漫长而艰苦的过程，毅力强弱决定最终的成败。

6. 每天都以百倍热情投入学习，积极参与课堂学习活动，只有这样才能学中有乐，学有所成！

调理身心　有所担当

孙老师：

您好！我是一名高三男生，我所在的学校是这个县城最好的学校，可我从高一开始就跟不上课程进度。爸爸爱喝酒，一喝醉就打妈妈，他们整天吵架，我每天都过得提心吊胆的。我每天都在问自己，我该怎么办，我该怎么办……弄得自己嗓子里一直有浓痰，心律不齐，情绪失控，失眠，耳鸣，胃痛。每天清醒的时间越来越少，脑子里嗡嗡直响。想一件事越来越难，做一件事也越来越难。我好想好好地学习，可是现在不知道该怎么办。

春晓岳阳楼

春晓岳阳楼同学：

你好！目前你的处境令人同情，你的身体状况令人担忧。如果真的像你信中所说的："嗓子里一直有浓痰，心律不齐，情绪失控，失眠，耳鸣，胃痛。每天清醒的时间越来越少，脑子里嗡嗡直响。想一件事越来越难，做一件事也越来越难。"那么老师建议你的父母尽快带你去医院就诊，看看你是否因为情绪不良而造成了身心障碍。你必须跟父母讲清楚问题的严重性，因为你这已经不是一般的情绪低落，而是出现了明显的生理心理症状，影响到正常的学习生活了，明白吗？我相信爱孩子的父母即使他们之间有再大的矛盾，这时也应该放一放，把孩子的身心健康摆在家庭头等重要的位置，或许因为带你寻医就诊的过程而改善了你父母之间的关系，也未可知。没有健康的身体，学习是难以为继的。看病咨询、调理身心，是眼下对你来说最重要的事情。

这里老师要给你讲一个故事——

女儿就要远离身边，走向婚姻的殿堂。在她离家前，母亲郑重地把她叫到一旁，给她一颗珍珠，告诉她说：当女工把沙子放进蚌的壳内时，蚌觉得非常不舒服，但是又无力把沙子吐出去。所以蚌面临两个选择：一是抱怨，让自己的日子很不好过；二是想办法把这粒沙子同化，使它跟自己和平共处。于是，蚌开始用它的营养把沙子包起来。当沙子裹上蚌的"外衣"时，蚌就觉得它是自己的一部分，而不再是异物了。沙子裹上的营养成分越多，蚌就越把它当作自己的一部分，就越能心平气和地与沙子相处。女儿当时就明白了母亲所说的道理，欣然点头。谁都知道蚌是一个没有太高智慧的低级动物，可是它知道想办法去适应一个无法改变的环境，尽管它非常不情愿这样，但它最终忍受了这种现实，还把这粒沙子变成了自己身体的一部分，这种态度是否值得作为人类的我们去思考、去学习呢？

生活中，每个人都会遇到很多不如意的人和事，如何包容它，同化它，把它纳入自己的体系，使自己的学习生活得以顺利地开展下去，恐怕是现代人最需要学的一种本领。如此想来，你的父亲爱喝酒，一喝醉就打你母亲，他们整天吵架，这样的生活状态是否像你生活中的一粒沙子？一方面，作为一名高三的大男生，你是否可以尽快成长和成熟起来，担负起家庭重要一员的责任，尽力与父母沟通，化解他们之间的矛盾，帮助父母调节并缓和他们之间的关系，使你们家朝着民主和谐的方向发展，而不是一味地表现出那种小男孩才有的焦虑和担忧：“我每天都过得提心吊胆的。我每天都在问自己，我该怎么办，我该怎么办”；另一方面，你能否调整好自己的心态，使自己的内心足够强大，勇敢地面对人生的挫折。古往今来，逆境成才的例子不胜枚举，不是吗？就像你和朋友一起打牌，拿到什么样的牌不是由你定的（父母的关系你决定不了），也犯不着去操心（躲进小楼成一统，管它冬夏与春秋），关键是如何把手中的牌打好（千磨万击还坚劲，任尔东南西北风）。与其整天处于不愉快的心态中，还不如去适应一个无法改变的环境，平心静气地接受不可改变的现实。只要你能与沙子共处，或许这粒沙子慢慢会变成“珍珠”。那时的你才真正拥有了健康的体质、健全的人格、乐观的精神、平和的心态，可以称得上是一个顶天立地的男子汉了。

小贴士 如何调节情绪

1. 用心寻找快乐，所谓“眼前有景皆诗意”。

2. 让自己变得快乐，发自内心的平和、安详才是真正的内心强大，所谓“不以物喜，不以己悲”就是这种感觉。

3. 不要轻易干扰自己的情绪，因为消极情绪会消耗掉你 90% 的精神能量，所谓“庸人自扰”便是这个道理。

4. 接纳外界事物的变化，以变应变，适应环境，方可“适者生存”，在恶劣的环境变化中立于不败之地。

5. 理性看待身边的事物，包容接纳大千世界的一切，所谓“大肚能容，容天下难容之事”。

聊开心智　沟通改变生活

孙老师：

您好！作为一个学生，恐怕见得最多的就是老师了，但我觉得自己与老师之间好像隔了一堵厚厚的墙，这让我丧失了与老师沟通交流的勇气。家人一直鼓励我要多主动去跟老师沟通，我嘴里答应，心里却反对。也许是小学时的老师给我留下的阴影不知不觉地侵占了我的心，即使我忘了以前的事，也还是忘不掉那种心悸的感觉。现在我的高中老师们是那么和蔼可亲、幽默风趣、认真负责，但我还是放不开。怎么才能跨过这道坎呢？

仙人掌

仙人掌同学：

你好！从来信中可以看出，你非常想要与目前教你的高中老师沟通交流，即使与我这么一个陌生的“纸上”老师，你都可以坦露心声，说明你想改变自己的愿望还是很强烈的。只是其中有两个疑问：一是不知道小学时你和老师之间到底发生了什么？为何给你留下如此大的阴影，几年过去了还不能化解？二是“忘不掉那种心悸的感觉”，当时是谁引发的事件？问题出在你身上还是老师身上？……解开心结，对于你改变现状一定会有帮助。但就目前情况来看，不管当时发生了什么，既然事情已经过去那么多年了（都说时间是最好的过滤器），那么淡忘过去，面向未来，才是积极的应对办法。当然，要改变现在这种状况，还是要从改变你自己做起。

这里老师给你讲一个故事：

有两位中国留学生到美国哈佛大学深造，两人在国内都是高材生。到了美国之后，他们在语言上遇到了障碍。两人被邀请参加美国学生的聚会，美国人之间的交谈，他们听不太明白。其中一位心生怯意，不愿再参加这样的聚会了，而选择中国学生之间的聚会；而另一位不这么看，他觉得到美国来，并不是简单地学知识的，如果与美国学生打成一片，那么这些美国学生将是他宝贵的财富。他经常参加美国同学的聚会，也努力表达自己的思想，虽然他的语言表达让美国同学听起来感觉很生硬，但他们都觉得这个中国学生与众不同，乐意把他当作朋友。不久，他便融入了美国同学中，不仅语言方面有了突破，而且后来还当选为学生会副主席。

这个故事告诉我们：一位同学采取的办法是回避，心生怯意后就主动退缩了；而另一位同学虽然刚开始与美国学生沟通时会遇到困难，甚至闹出笑话，但天长日久，他首先突破了自我的心理障碍，不仅语言过关，而且结交了朋友，锻炼了能力，所以最终获得了成功。我们看一些成功者，常常只看到他们的光辉奋斗史，但如果冷静分析一个个成功样本就会发现，凡是成功者都有一套与人沟通的本领，他们总是不断地推介自己，让别人了解自己，接纳自己。

如果说以前是“知识改变命运”的话，那么现在人们经常说“沟通改变命运”。怎么与人沟通、与社会沟通，需要勇气，需要智慧。与人沟通时，信心非常重要，就像你信中所说的“现在我的高中老师们是那么和蔼可亲、幽默风趣、认真负责”，试着与老师多沟通，打开心结就不会觉得自己与老师之间好像隔了一堵厚厚的墙了。当然，如果这个老师本身也比较内向，那么你去与老师沟通时还是需要一些技巧的，比方说，问问老师学习上的问题、请教班级工作等，或者侧面了解一下这位老师的兴趣爱好，与老师有一些共同语言。要取得沟通的成功，还要不屈不挠，不怕拒绝，直到与老师之间达成良好的关系。

我们中国人遣词造句很有讲究，用水沟的“沟”以及通畅、通过、疏通的“通”组词，“沟通”就是把不通的管道打通，让“死水”成为“活水”，彼此能对流、能了解、能交融、能产生共鸣。只有多沟通，你在学校里才能心情舒畅地生活，从而愉快、健康地学习和成长。

小贴士 有效沟通的窍门

1. 大胆说出来——坦白地讲出你内心的感受、感情、痛苦、想法和期望，但绝对不是批评、责备、抱怨和攻击。

2. 互相尊重——只有给予对方尊重才能有效沟通，当对方不尊重你时，你也要适当地请求对方的尊重，否则很难沟通。

3. 不说不该说的话——正所谓祸从口出，一言既出，驷马难追，所以沟通时不能信口雌黄、口无遮拦。

4. 理性的沟通——情绪不好时的沟通常常无好话，既理不清，又讲不明；不理性的沟通只有争执的份，所以这种沟通往往无济于事。

5. 反省——如果自己说错了话，又不想造成不可弥补的伤害，最好的办法是反省并承认自己错了，让人豁达开朗，重新面对自己，重新思考人生。

6. 爱和智慧——爱是最伟大的治疗师，如果一切都源于爱的话，出于爱的沟通，任何奇迹都会发生，智慧使人执著，而且福至心灵。

7. 说对不起——说对不起是一种软化剂，使事情终有回旋的余地。

8. 耐心——如果没有转机，就要耐心等待；等待唯一不可少的就是耐心，有志者事竟成。

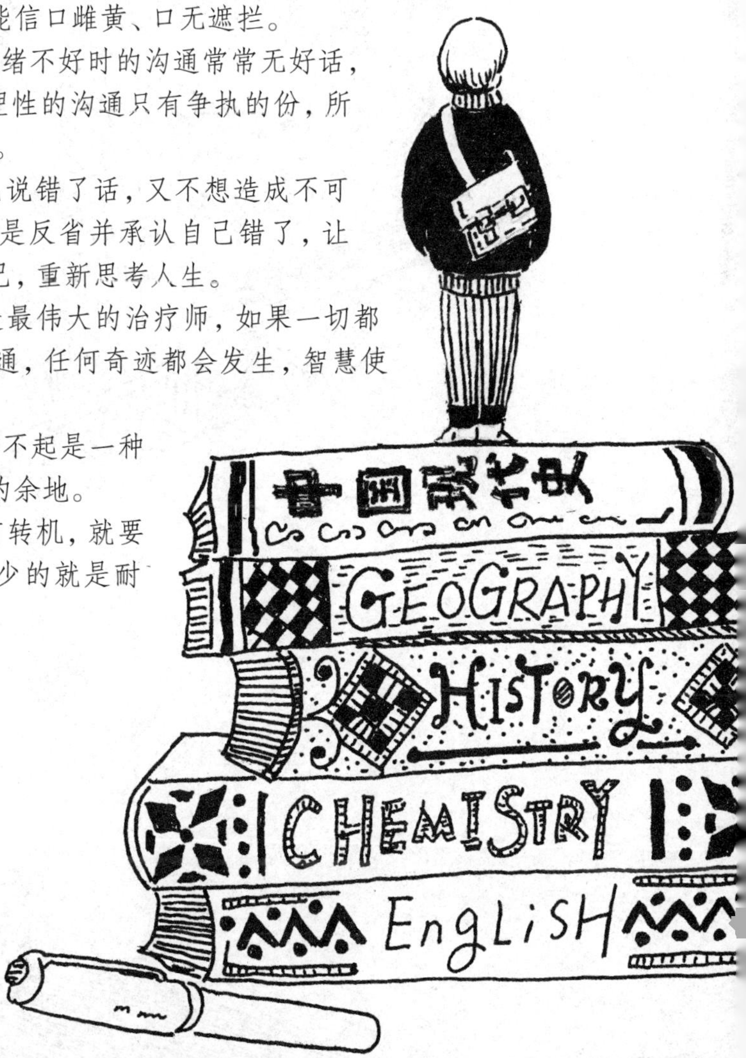

卸下包袱　轻装上阵
English
CHE

孙老师：

您好！我是一名高三学生，马上就要高考了。我心里藏着一件不为人知的事：上初一时我拿了父母一千多块钱，借给同学花了，当时父母不知道，但我一直很内疚。高一时有次回家我曾想把事情告诉父母，却因为害怕而没说。现在快高考了，我又怕说了会影响自己的心情，无心学习，真的不知道怎么办。请您帮帮我！

天涯海角

天涯海角同学：

你好！从你的来信中可以想象一次失误（上初一时偷偷拿了父母的钱借给同学花）给你造成了多么大的心理压力和内疚感。这内疚感持续了近六年的时间，相信六年中这件事情无时无刻不在内心深处折磨着你，让你纠结："是说还是不说？如何跟父母说？"甚至令你一直不安，以致无法安心学习。

这里给你讲一个"仙人打滑塌"的故事。

浙江瓯海仙岩风景区有一处景点叫作"仙人打滑塌"。相传蓬莱八仙多次到仙岩游览，只是那一次，铁拐李和何仙姑脚下一滑溜，重重地摔坐在了岩面上。后来，人们就将两位大仙打滑摔倒的这块岩面笑称为"仙人打滑塌"。

"打滑塌"，不少文献记为"打滑跶"。如："打滑跶，受跌仆地。"（吴祖德《沪谚》）"打滑跶，行步欲倾跌也。"（《崇明县志·方言》）"滑跶"之"跶"，《广韵》释为"泥滑"，《字林》《汉语大词典》等则释为"滑"。

在上海，旧时民间有"仙人也会打滑跶"的俗语，意思是再聪明能干的人难免也有失误或受挫的时候。这句俗语，通俗诙谐地表达了人们对"金无足赤，人无完人"古训的领悟，也表达了人们对偶尔出现差错者的宽容。毕竟，不小心打滑跶的人，才是活生生的"完人"呢！

故事告诉我们，即使仙人也难免会有失足打滑之事发生，何况我们普通人，一次失误算不上什么，勇于承认、敢于担当才是解决问题的关键。所以，孙老师的建议是找一个合适的机会和场合，与父母把这件事情说开，这样沉重的包袱才可以在心理上卸下，面对高考你才可以轻松上阵。

老师不是很清楚你父母会怎样对待你这件事情，不过事情已经过去六年，突然提起可能比较突兀，建议你可以采用一种比较巧妙的办法：以讲述他人故事的办法引出事情，然后描述那个未经父母同意拿了钱借给同学花掉的孩子长久以来压抑在心的内疚感、负罪感和自责感。相信在讲述的过程中你一定会感动父母，然后再适时地询问父母："假如这件事情发生在你们的孩子身上，你们会怎样对待这个孩子？"试探一下你父母对这种行为的态度，相信天下父母都爱自己的孩子。

以下这段话也可以让你的父母了解怎样接纳孩子的缺点和过失。"犹太人认为：世界上每个孩子都是为得到人们的赏识而来到人间。如果你通常是用挑剔的眼光看孩子，总是看孩子的弱点，甚至有时候还小题大做，这样的孩子就会自暴自弃。他们认为：如果能够转换一个角度去思考，父母对事物的认识和想法就会大不相同了，当父母用接纳的眼光去看孩子的话，会惊奇地发现孩子身上有非常不一般的优点。"

如果能换一个角度去看待这件事情，或许通过这件事，你已经收获了诚实的品性，从此以后再也不撒谎或者不隐瞒不该隐瞒的事情，事情发生后会及时勇于担当，等等，相信你已经成长了，这是令人欣喜的。高考近在眼前了，希望你尽快把这件事情处理好，以轻松的心态，全身心地投入高考。

小贴士 世界上最爱"撒谎"的人

在这个世界上，有这样一个人，在你小的时候，总是喋喋不休地告诉你："不能撒谎，撒谎的小孩会长出长鼻子，就像小木偶匹诺曹那样。"于是，你信了，不敢撒谎，不想长出丑陋的长鼻子。

可是，你后来渐渐发现，这个教你不要撒谎的人，原来最爱撒谎。

你最爱吃的东西，注定是她最不爱吃的东西。譬如吃鸡，她总说不爱吃鸡腿、鸡翅、鸡爪，而这些恰恰是你最爱吃的。于是，你一边心安理得地啃着鸡腿、鸡翅、鸡爪，一边纳闷地想：多香多好吃啊，怎么会有人不爱吃呢？可是，有一天你透过厨房虚掩的门发现，她在啃你吃剩的鸡翅、鸡爪。

后来，你长大了，读初中，要住校。你舍不得离开她。她就说："谢天谢地，你终于要住校了，我的耳根可以清净几天了。"你真以为她嫌你在家吵得慌，于是赌气，头也不回地就去了学校，两个星期没回家。后来，你听邻居说，你不回家，她伤心得抹眼泪呢。

你读大学了，喜欢上班里的一个女生，经常给她买礼物，生活费常常花得精光。你写信回家，说要买书，她很快就汇来了钱，说："只要是买书，我支持，我现在在村里的砖厂打工呢，活儿一点都不累。"你暑假回家，见她不在家，就去村里的砖厂找她。老远你就看见她了，她推着一辆装满土的独轮车，腰弯成了弓形。

你参加工作了，风风火火地忙事业，天南地北地跑业务，有时路过老家也不回家。她偶尔给你打电话，只是说："没事没事，就是想听听你的声音。在外面好好干，家里挺好的，别挂念家里。"于是，你认为她真的挺好，家里一切都好，就放了心，一年没有回家。年底回家，去邻居家串门，邻居说："你这孩子，可真狠心，你妈的腿摔骨折了，你都没有回家照顾一天。"如今，你和她坐在一起时，每每看着她头上花白的头发，总想给她讲讲小木偶匹诺曹的故事，就像小时候她给你讲的那样。你语重心长地告诉她："千万别再撒谎了，撒谎的人会长出长鼻子。"

可是，现在你也学会了撒谎。你买了贵重的东西，总是把上面贴的标签撕掉，然后告诉她："很便宜，商场大降价呢。"如此，她才不会生气。你在工作上遇到了挫折，受了很大的打击，但是你给她打电话时，总是用很高兴的语气说："我工作挺好的，你就放心吧。"

你告诉自己，今后，也要学会做一个爱"撒谎"的人，为了她的微笑，为了这个世界上最爱"撒谎"的人——母亲。

信　任

孙老师：

您好！最近一直被一个问题弄得心烦意乱，那就是我变得不再相信别人了，不管是父母、朋友，还是同学。我总觉得他们很虚伪，表面上很好，内心却非常丑陋，他们说的话，我总会去怀疑其真实程度。因为这，我和他们之间的关系弄得很僵，所以想请您帮帮我！

花开冬季

花开冬季同学：

你好！这里老师向你介绍一篇题为《陌生人是“大灰狼”吗》的博客：

上海有个调查，上海居民仅有不到2%的受访者表示会让陌生人进家门。这是为什么呢？是因为人与人之间的不信任——“陌生人都是坏人”，或者直白一点儿说吧，98%的受访者倾向于认为“陌生人”更大的可能是“坏人”。这种把陌生人看作“大灰狼”的想法，是怎么植入大伙儿的脑壳里去的呢？ 成年人都有自己的判断吗？没有。他们是被媒体的各种报道吓坏了，媒体报道一个“陌生人是大灰狼”的故事，他们就放大成98%的陌生人都是大灰狼。青少年和儿童呢……他们从小就被教育成了不相信陌生人的人。

孙老师想说，看起来，这是个充满怀疑的时代，人与人之间没有信任，人人自危，甚至一些著名企业也因为“三聚氰胺”等陷入诚信危机，地沟油、毒奶粉等事件的出现让大家更加觉得这是一个诚信缺失的时代，所以困扰你的问题似乎有着一定的普遍性。人与人之间互不信任，总是怀疑别人的真实想法，即使父母、朋友和同学，也令你觉得他们虚伪，他们对你的好似乎也变得别有用心了，是吗？

但实际上，信任是世界上最好的财富。假如你有幸去云南丽江古城骑马游玩的话，纳西族的马夫会向你介绍说，两匹马在路上遇见，还会互相打招呼。设想一下，两匹不认识的马相遇，尚且互相招呼一下，何况是人呢？

信任是一种财富，你拥有它，就先把它分给别人，和别人分享。信任是这样一种财富，只要你不断地分享给别人，不断地把它送出去，你就得到的越多。世界上哪里还有比这个更好的财富？拥有并分享这个财富吧，不要让你在信任的银行里是个赤贫的家伙。信任陌生人，又何妨？要知道我们每个人都是“陌生人”。更何况，你问题中提到的并不是陌生人，而是你身边的亲人。试想一下，你的父母对你难道不是一片赤诚之心？古文中解释：“信者，诚也。专一不移也。”也就是说，只要你坚定不移地相信你的父母是对你好的，那一定是好的。

“信人者，人恒信之”的典故讲述的就是这样一个道理：

东晋安帝义熙六年（410），盘踞在广州一带、海盗出身的卢循和徐道覆趁大将军刘裕北伐之机，经过精心密谋筹划，率领几十万大军杀奔都城建康。一时之间，东晋国内动荡不安，外围的强敌也伺机而动，战略地位极其重要的荆州立刻遭受到三股敌人的包围。叛逃到后秦的桓谦卷土重来，荆州是桓氏家族的起家之地，根基深厚，他一回来，就召集了过去的部下两万人，屯兵枝江。后秦将军苟林率领骑兵一万人进驻江津。两支部队对荆州首府江陵形成了合围之势。来自西蜀的谯纵应卢循之请，也派两万大军顺流而下，星夜赶来。摆在荆州刺史刘道规面前的，是一个异常严峻的形势。此时，雍州刺史鲁宗之率部众几千人从襄阳来援。手下人拦住他说：“动荡之际，人人自危，鲁宗之此来，情不可测，应该先让他屯兵城外……”刘道规说：“人家以赤胆之心来援助我，我怎么能够以疑心来对待人呢？”鲁宗之得此信任，既感动又高兴。刘道规就请鲁宗之代为守城，把他当成心腹之人，自己则带领军队出城进攻桓谦。胜利之后，刘道规勇于信人任人之举，让江汉地区的百姓心悦诚服，深怀感恩之情，尽管大敌来临，却都有了同仇敌忾之心。许多百姓带着武器和干粮，自发前来入伍参军，誓死守卫江陵城。刘道规深受感动，把数千民众编成民兵，参与守城。最终，荆州的胜利稳定了全国的战局，东晋王朝得以平定叛乱，刘道规功不可没。事后有人向刘道规提出自己的疑惑，何以兵无精兵，将无良将，却能战胜数倍于己的敌人呢？刘道规意味深长地回答说：“信人者，人恒信之。”

故事告诉我们，人的信任会产生一种力量，被人信任是一种幸福。约瑟夫·鲁说过这么一句话：“信任是友谊的重要空气，这种空气减少多少，友谊也会相应消失多少。”所以，解决你问题的关键在于如何改变自己的想法以及准备怎么做。

最后老师想借用人民日报评论部主任卢新宁在北京大学中文系2012年毕业典礼致辞中的一句话与你共勉，相信聪明的你也知道答案所在了——

“请记得：你所站立的地方，就是你的中国；你怎么样，中国便怎么样；你是什么，中国便是什么；你有光明，中国便不再黑暗。”

小贴士 关于信任的小故事

18世纪英国的一位有钱的绅士，一天深夜走在回家的路上，被一个蓬头垢面、衣衫褴褛的小男孩儿挡住了。“先生，请您买一包火柴吧。”小男孩儿说道。“我不买。”绅士回答说。说着绅士躲开男孩儿继续走。“先生，请您买一包吧，我今天还什么东西也没有吃呢。”小男孩儿追上来说。绅士看到躲不开男孩儿，便说：“可是我没有零钱呀。”“先生，您先拿上火柴，我去给您换零钱。”说完男孩儿拿着绅士给的一个英镑快步跑走了，绅士等了很久，男孩儿仍然没有回来，绅士无奈地回家了。

第二天，绅士正在自己的办公室工作，仆人说来了一个男孩儿要求面见绅士。于是男孩儿被叫了进来，这个男孩儿比卖火柴的男孩儿矮了一些，穿得更破烂。“先生，对不起了，我的哥哥让我给您把零钱送来了。”“你的哥哥呢？”绅士问道。“我的哥哥在换完零钱回来找您的路上被马车撞成重伤了，在家躺着呢。”绅士深深地被小男孩儿的诚信所感动。

“走！我们去看你的哥哥！”去了男孩儿的家一看，家里只有两个男孩的继母在照料受重伤的男孩儿。一见绅士，男孩连忙说：“对不起，我没有按时把零钱给您送回去，失信了！”绅士却被男孩的诚信深深打动了。当他了解到两个男孩儿的亲生父母都双亡时，毅然决定把他们生活所需要的一切都承担起来。

撇开友谊，无法谈青春，因为友谊是点缀青春的最美的花朵。

——池田大作

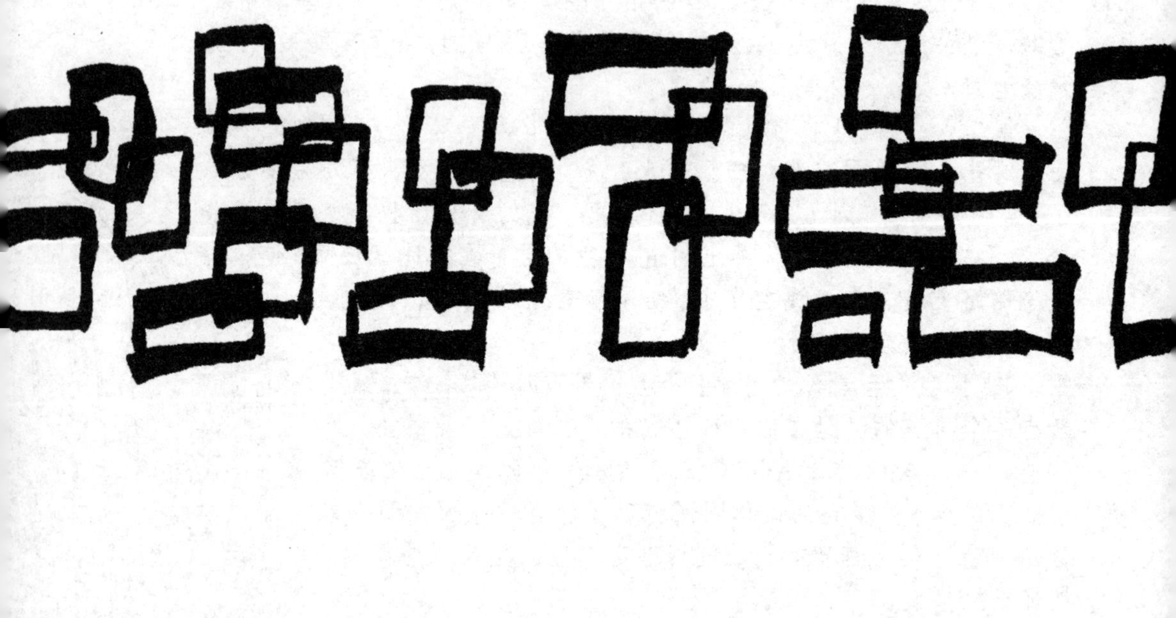

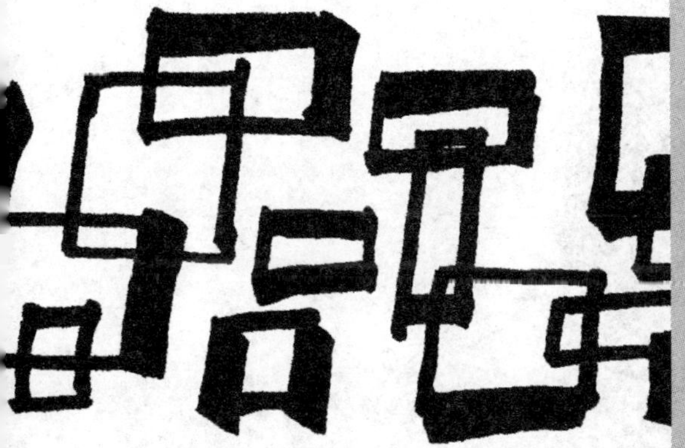

第四辑　花季雨季

青春是人生之花，是生命的自然表现。青春的情感，无论友情还是爱情，都是朦胧、单纯、美丽的，对学生时代的每一位经历者来说都是鼓舞的源泉。“在年轻的时候，如果你爱上一个人，请你，请你一定要温柔地对待他。不管你们相爱的时间有多长或多短，若你们能始终温柔相待，那么，所有的时刻都将是一种无瑕的美丽。”但青春的情感有时又是恼人的，如何在紧张的升学压力和躁动的情感之间获得平衡，如何收藏浪漫，如何运用智慧和毅力来摆脱情感困扰，希望本辑中他人的故事和孙老师的指点能够给你启迪。

以智慧和豁达来厘清自己的情感

孙老师：

您好！我喜欢班里的一个男生，向他暗示过，但他不理我，却喜欢另一个女生。我很伤心，但希望他能幸福，也希望他们能幸福，可是那个女生似乎并不喜欢他。我看他痛苦，想去安慰他，可他却拒绝了我的安慰。恋人做不成，难道做朋友也不行吗？他去接近那个女生，我心很痛，他被那个女生冷脸相对，我的心更痛。怎么办？

玄　黄

玄黄同学：

你好！我从信中感受到你目前面临一个困扰，但是你能够选择求助，愿意把心思告诉老师，与老师一起探讨有关情感的话题，是令人欣慰的。

你信中说："我喜欢班里的一个男生，向他暗示过，但他不理我，却喜欢另一个女生……他去接近那个女生，我心很痛，他被那个女生冷脸相对，我的心更痛。"虽然你喜欢的男生拒绝了你，但是换一个角度去理解的话，你喜欢的人至少是一个很真诚耿直的人啊，他能够遵从自己内心的想法，并没有因为你的表白而动摇过自己的情感，甚至在自己感情受挫时明确地拒绝了你的安慰，并没有与你暧昧不清，说明他是一个对感情专一、认真的人。只是你们之间并没有产生这样的感情。最近孙老师在高三年级心理课上与同学们一起探讨有关高中生恋爱的话题。我的课题叫"假如我恋爱了……"，其中有一项活动，请同学们谈谈自己对爱情的理解。有同学说"爱情是眼与眼的对视，是情与情的交流，是心与心的碰撞"；有同学上黑板写了一个"您"字，她说"所谓爱情，就是这个字，时刻心上有你"。对照一下，你喜欢的男生心上没有你，没有跟你"对上眼"，不是吗？感情的事情不可能强求，你以后可能会遇上更好的那个他，不是吗？

法国作家安东尼·德·圣埃克絮佩里的作品《小王子》中有这么一段故事：小王子与自己深爱的玫瑰闹矛盾之后来到了地球，遇到了狐狸。狐狸很喜欢小王子，并对小王子说："请驯服我吧。"但是小王子喜欢的是玫瑰，因此小王子决定要离开狐狸。狐狸伤心地要哭了，小王子说："那你除了伤心没有得到什么好处呀。"狐狸不同意了。它告诉小王子，以前它从来不在乎麦子的金黄色，但是自从看到了小王子那金色的头发，它就永远地记住了麦子成熟的色彩。是呀，虽然小王子离开了它，但是狐狸从被驯养的那一刻起，终于记住了麦子成熟的色彩啦。

在《小王子》这本童话故事中，狐狸是最有智慧的角色了。它清楚地明白爱、责任、距离之间的关系。最后小王子虽然没有为它留下来，但它仍能体会到生活的美好所在，依旧保持乐观的心态继续向前走。建议你仔细地去品味一下这本童话中所表达的关于爱与责任的含义，也希望你能从这本书中获得启示。

你是个很善良的孩子，你想让喜欢的人幸福开心，所以当你喜欢的男生在为另一个女生伤心难过时，你也很心痛。但是你喜欢的男生既然拒绝了你的安慰，证明他一个人可以很好地处理好这段感情，或许他更想一个人静一静呢。五月天的歌《温柔》中有段歌词是这样的：

天边风光　身边的我　都不在你眼中
你的眼中藏着什么
我从来都不懂
没有关系　你的世界　就让你拥有
不打扰　是我的温柔

我希望你能像歌词中写的一样豁达勇敢，回到自己的世界，做好自己该做的事情，静静地守护自己心中美好的感情。

最后，希望你能像《小王子》中那只充满智慧的狐狸一样，豁达理智地看待生活中包括感情上的一切得失，失去什么的时候，就提醒自己还能得到什么吧！

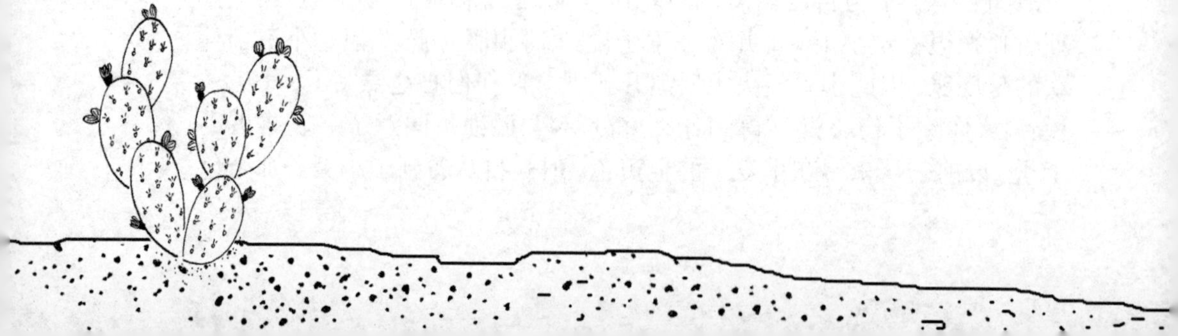

小贴士 斩断情丝的几个方法

爱情不是生活的全部。如果你还在为感情的事情而伤心难过，那么不妨在生活的其他方面找找使自己愉快的动力。比如，朋友之间的友情，父母长辈对你的关爱，学习上取得成就的兴奋，等等。把注意力转移到生活中其他美好的事物上，你会发现走出来其实很容易呀。

正确地对待中学时代的感情。不管是生理上还是心理上，你们都还没有达到成熟的状态。当然，会对异性产生好感甚至爱慕的感情是非常正常和自然的事情。但是这个时期的感情是否成熟理智？你是否有能力去承担这份感情中所包含的责任、障碍和挫折？这些都是需要你自己去衡量和思考的。

别让感情上的遗憾使你的全部生活失去光彩。如果你总为感情上的挫折闷闷不乐，甚至影响到正常的学习和生活，那么这份感情真的值得你去付出这么多吗？

多和朋友、长辈交流沟通。遇到问题时不要自己一个人扛，身边的朋友和家人都会给你力量，你可以将心中的难过、疑问倾诉给你信任的人，多听听不同人对待情感问题的处理方法，多思考，你可以选择性地接受他人的建议和劝慰。

走出迷茫，开启新生活

孙老师：

您好！我是一名高三学生，高考在即，可我一直很迷惘。父母对我期望很高，可我是个没有毅力的人，每每下定决心好好学习，但不到两天就又玩开了。还有一件事我一直憋在心里很难受，不得不向您说，就是高一的时候我喜欢上一个女孩。我知道她不喜欢我，当时我错误地认为只要自己真心对她，她一定会和我好的。我知道高中阶段谈恋爱是不对的，应该以学业为重，可我爱得那么深，爱得那么认真，怎么回头？望老师为我解答疑惑。

Epxh

Epxh 同学：

首先，要感谢你愿意在迷茫和困惑时求助，感谢你的信任和想要改变的内心力量。你说父母对你期望很高，可是你每每下定决心要好好学习后，不到两天就又玩开了。从字里行间我读到了你的自责情绪，恨自己的不能坚持，觉得对不起自己，更对不起父母……同时我也看到你其实是一个要求上进又孝顺的好孩子。现在问题的根结也许主要在于你没有找到学习的动力吧。

不过话说回来，要在高三的高压下真真切切地体悟到每门学科学习中的乐趣，想来还是需要那么一些缘分和时间的。不过你知道吗？其实，你的体内潜藏着一股极大的、可以转化为学习动力的潜力，那就是另一个困扰着你的问题——对那个女生的情感。

首先，千万不要为有这种感情而纠结。因为这恰恰说明你是个情感丰富，善于发现他人身上美好的东西，并且还很幸运的孩子。所以，为什么要回头呢？喜欢一个人和好好学习并不矛盾。

如果我是你的话，努力让自己成长为一个顶天立地的男子汉是当务之急。因为对女孩子来说，总不会讨厌站在自己身边的男孩子变得更加优秀的。我很高兴看到你对感情的认真，也相信这样认真而用力爱着的你，一定可以带给那个幸运的女孩子幸福。当然，拿到一个好的高考成绩，到一所好的大学就读不是通往成功的唯一的路，但这是一条比较平坦的成功之路。因此，好好运用你心底的那一份爱情力量吧，这种神奇的力量运用得当是可以转化为令人羡慕的、最最有力的学习动力的！

至于现在，你说那个女生不喜欢你，也许是那个女生因为忙碌的高三生活而不愿意被打扰，那就请你把爱深埋心底，耐心地等待吧。等到自己有能力成为那个女生的依靠时，如果现在的这份情感还未改变，那就再次问心无愧、抬头挺胸地站在女生的面前，也不迟，不是吗？两情若是久长时，又岂在朝朝暮暮呢？

如果眼下你总是患得患失，那不妨干脆找一个机会大大方方地告诉那个女生，或者写一张小纸条："从明天起，我不会再缠着你，但是请记得我的存在，而我，会努力成长为一个值得托付终身的男子汉。或者，你可以忘了我，因为到时候站在你面前的，将会是一个令你刮目相看的我。"我相信，凭着这股力量，你一定可以实现你的诺言，成为一个让她刮目相看的男子汉！即使她没眼力错过了你，变得更加优秀的你也终会找到欣赏你、适合你的优秀可人的女孩子。所以，为了最终的爆发默默积蓄力量吧。

至于高三的学习动力问题，我想请问身在高三的你，总该会有一个心向往之的学府吧？你了解过这个学校你喜欢的专业的录取分数吗？根据自己现有的水平，定一个细致到每一门学科每一个部分的学习目标吧。把各个科目的高考模拟卷都搜刮出来，然后看看自己每一部分的得失分状况。为什么会失分呢？是粗心大意？是哪个知识点一直没掌握？是时间不够？还是……？如果，再给我一次机会的话，这张卷子，我能得多少分呢？制定一个切实可行的目标，并且向着目标努力，是会让你体会到学习的乐趣和找寻到学习的动力的。

当然在向目标奋进的过程中，我们还需要一个落实到每一天的学习计划，而这个计划的制订，孙老师认为必须遵循两大原则：循序渐进和留点空闲。"Study while study, play while play！"（学的时候学，玩的时候玩！）在学与玩之间找到一个平衡点，劳逸结合才能事半功倍。这样可持续地发展，最终的学习效果会更好。

此外，老师还有一个小小的建议，如果愿意的话可以把你的目标和计划拿出来和父母一起分享。惊喜会是一份很好的礼物，也许这样做，会让父母有一种"儿子长大了"的感动，父母与你之间也就有了一个互相沟通和了解的机会。与此同时，因为承诺过，在无形中也多少会生发出一种自我约束的力量，何乐而不为呢？

最后我想说，压力这种东西，你越是关注它，它越是强大，会变成一种消极的心理暗示，想着你该做的事，而不是关注压力本身，慢慢地，由压力而产生的焦虑不安之感就会消失。在新年来临之际，希望你能够好好享受今后必定会怀念的为数不多的高三的日子，然后，在自己向往的大学继续接下来的美好时光吧。

小贴士 放松的方法

放松是“人类的一种普遍能力”和“一种天生的易被忽略的财富”。放松需要五个条件：

1. 安静的环境。
2. 能够专注于某种东西：声音、音乐、意象、图片、场景。
3. 顺其自然的态度，不在意自己在做什么。
4. 身体舒适、舒展，肌肉张力减到最小。
5. 逐渐放慢的、深度的呼吸。

以下放松方法，你不妨一试：

1. 拥有一两个知心朋友。
2. 正视现实，因为回避问题只会加重心理负担，最后使情绪更为紧张。
3. 有委屈不妨向知心人诉说一番。
4. 少说“必须”“一定”等“硬性词”。
5. 把挫折或失败当作人生经历中不可避免的有机组成部分。
6. 实施某一计划之前，最好事先就预想到可能会出现坏的结果。
7. 常常看相册，重温温馨时光。
8. 常常欣赏喜剧，更应该学会说笑话。
9. 每晚都应洗个温水澡。
10. 卧室里常常摆放鲜花。
11. 欣赏最爱听的音乐。
12. 做 5 分钟的遐想。

学着自己长大

孙老师：

您好！有个问题让我烦恼了很长时间，就是在高二时，我和她坐邻桌，玩得很好，经常打打闹闹，后来分开了，便觉得心里少些什么，总爱跑神，总是回忆以前与她坐在一起的快乐时光，无法适应新格局。我尝试了很多办法但就是无法摆脱失落。我知道这并不是爱情，她只是个知己罢了。可不知怎么摆脱这种失落，开始新的学习生活。

纠结者

纠结者同学：

你好！看到你说“我知道这并不是爱情，她只是个知己罢了”，我感到你是一个冷静和理智的少年。我相信你在心情纠结的时候能够厘清自己的情感，并认识到那是一种美妙的情谊，老师真的特别欣慰。你说：“总是回忆以前与她坐在一起的快乐时光。”回忆的确是美丽的事，你让我回忆起了自己高中时代的一段往事。

我一直觉得有一个好的同桌是一件很幸福的事。高中时代我有一个天神一般的同桌，我可以不用背单词，不用记公式，不怕上课老师点名回答问题，因为同桌就是一个万能机器人。每每我不会做题的时候，同桌会看一眼我的计算过程，然后只说一句话，就能告诉我到底是什么地方有问题，通常这个时候我就会有一种茅塞顿开的感觉。虽然当时每周都会轮换座位，但同桌是不变的，所以我们依旧天天在一起学习、争吵。当时感觉同桌就像是亲人一样，只要看见他，那一天就觉得踏实，而每当我问他题目的时候，总是觉得他回答我是理所应当的。渐渐地，像养成了一种习惯一样，天天向同桌请教学习问题，其实我是个比较懒的学生，成绩虽然也挺好，但一直没有下决心克服依赖别人的毛病。时间就这么一天一天过去，同桌总是一如既往的第一名，而我也总是可以稳定在前五名。

有一次期中考试貌似有些不对我的“胃口”，我的成绩一下子下降了很多，跌出了前十名。看着惨不忍睹的试卷，我才发现一些很简单的问题失分太多了。于是，我们班主任做了一件我现在认为是很明智的事情，就是把我和他的位子分开了，但当时我不理解，感觉好像是和自己的家人分开一样，突然的改变让我很不舒服。班主任告诉我，你现在最应该学会的是独立思考、独立成长，而不是有他陪着你才能学好。

果然，当我试着放下依赖，渐渐地，我可以不在写英语作文的时候问旁边的同学什么单词是怎么拼写的了，我可以在有些难的数学题上再试着思考一下，而不再依赖别人了。失落总是会有的，但是假如你能把这种和她在一起的美好当作你人生的一次经历，并变成经验，那么，你离成功就会更近一步。

习惯是让人很难戒掉的东西，有些人、有些事一旦习惯了，你就会不由自主地依赖他，当他不在的时候你就会不安，但是试问谁的人生没有分别？是不是分别一定是坏事？友情的确能够让我们感觉到如同亲情般的温暖，有了友情，我们不再是一个人。

既然你很清楚你所失落的不是爱情，而是在于这段友情被拉远的距离，那么不妨静下心想想，固然她的座位不如以前坐邻桌那样近，但主动跑过去热络热络，完全可以像以前那样打打闹闹。那位同学必定是有十分好的个性，让你十分看重这份友情。但是，其他的同学身上也许也有你所不知道的温暖一面，想想你当初和这位同学是怎样热络起来的呢，大家都是从不熟悉开始，慢慢探索，发现对方温暖的优点，最后掏心置肺。

你熟悉李宗盛的那首《爱的代价》吗？

“走吧，走吧，人总要学着自己长大。走吧，走吧，人生难免经历苦痛挣扎……”

你因为割舍不掉这份友情而难过，这能理解。每个人选择的路都是不同的，难免会有必须分开的一天。我们其实应该为他们高兴的，默默地祝福他们在自己的路上走得更远，记得在离别的时候，留给她的是你的洒脱，而不是你纠结的愁容。

时间其实可以抚平伤痛。试着敞开你的心怀，注意下你的新同桌，他也许会成为你今生的好兄弟，她或许会给你一次新的体验。要想改变一块土地，你得种上新的作物，不能让它荒废，杂草丛生。你也可以尝试培养些新的兴趣，可以干些自己喜欢的事，不让自己闲下来，以便转移自己的注意力。

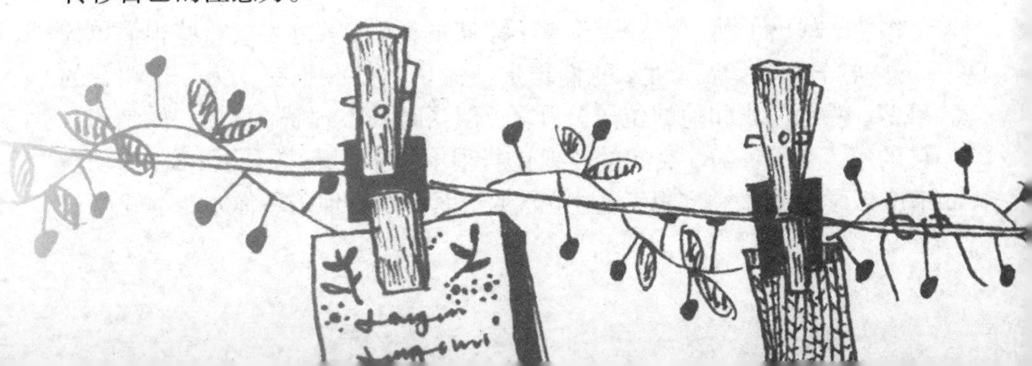

小贴士 人生的支点

阿基米德说：给我一个支点，我可以把地球撬起来。

每个人，只是需要一个支点而已。请相信，那个支点一定在你智慧的深处。

人生的价值，就在于找到属于自己的那个支点，去把自己的精彩撬起来。

有了那个支点，人生的任何一步，我们都会走得游刃有余。

感激痛苦，它让我们学会了坚强。

感谢那些爱过我们的人，他们让我们懂得了世间有真情、有大爱。

感谢那些伤害过我们的人，他们让我们懂得了我们的人性还需要锤炼。

感谢那些离开我们的人，他们让我们懂得了生命在不断流逝，我们需要牢牢把握未来。

感谢那些向我们走来的人，他们会使我们的生活变得更加精彩。

对于过去的事情，可以收藏，可以忘记，但不要允许自己去忧伤。

『放得下』与『放不下』

孙老师：

您好！我是一名高三男生，高三阶段压力很大，既要好好学习又要顾及其他方面。我有个好朋友，是女生，我们以前关系很好。前几天和她聊天时，不经意说了句话，她可能是听错了，以为说的是她，所以很生气。我事后向她道歉，她没原谅我。最近我又向她道歉，也没什么结果。她是艺术生，还有两个星期就要去学专业课了，我很珍惜这份友谊，却又不知如何挽回，我现在很苦恼。

梦　净

梦净同学：

你好！读了你的来信，看得出你目前的纠结主要在两个方面：一是学业问题，二是情感问题。从信中能感觉出你目前更关注的是与这位女生之间的情感纠结，珍惜这份友谊，却又不知如何挽回。这里我想给你讲一个小故事：

老和尚携小和尚游方，途遇一条河，见一女子正想过河，却又不敢过。老和尚便主动背该女子趟过了河，然后放下女子，与小和尚继续赶路。小和尚不禁一路嘀咕：师父怎么了？竟敢背一女子过河？一路走，一路想，最后终于忍不住了，说："师父，作为出家人，应该严守色戒，远离女人。今天你怎么犯色戒了？怎么能够去背女人？"老和尚叹道：我早已放下，你却还放不下！

这个故事告诉我们：君子坦荡荡，心胸宽广，遇事拿得起、放得下，才能永远保持一种健康的心态。你在信中说："不经意说了句话，她可能是听错了，以为说的是她，所以很生气。我事后向她道歉，她没原谅我。最近我又向她道歉，也没什么结果……"我觉得如果你们之间的友谊真是坚如磐石的话，不要说你不经意说了句话，即使果真冒犯了她，相信经你的一再解释，她是可以原谅你并释然的，你说呢？现在为了这么一点小事，她便不依不饶，"我们以前的关系很好"是否需要打个问号？这样的友谊是否需要放下？由你自己思考后决定。另外，你说她是艺术生，两个星期后要去学专业课。我知道，艺术生在高三阶段的确需要离开学校一段时间去专门的艺术院校接受专业辅导、强化训练，但只是离开一段时间。"两情若是久长时，又岂在朝朝暮暮"，假如友情的维持必须是两个人待在一起，一刻都不能分离，这样的友情似乎显得过于脆弱了点吧？当然，如果你实在放不下，不妨找个机会好好和她聊一聊，看看问题的症结到底在哪。人世间无论哪种情感的维持都需要心与心的交流和沟通才能实现，憋在心中只能徒增自己的苦恼，根本于事无补。

至于高三学业压力大，这个问题是摆在所有高三学生面前的共同问题。如果说对于前面情感问题的解决，孙老师的建议是“拿得起，放得下”的话，那么对于高三的学业问题，我的观点是“咬紧牙关，不可放下”。这里我再给你讲一个故事：

据说东海里有一座风景秀丽的岛屿，岛屿上有一座高高的仙山叫度朔山。度朔山上长着一棵蟠曲三千里的大桃树，上可通往天庭，下可直入地狱。可是，人们想攀登这棵堪称天梯的桃树并非易事，因为在这棵树上住着两位神仙，一位叫神荼，一位叫郁垒，他们铁面无私，总会挡住许许多多人进入天庭的道路，让这些人悻悻而归。但是，通天的道路并不是就被这两位神仙封死了，有能耐的人依然可以通过攀登这棵桃树走入天庭。前提是要练就一身好武艺，向神荼、郁垒两位神仙挑战，和他们比试武艺，如果能够打败他们，那么他们就会打开通往天庭的大门，恭恭敬敬把你送上天庭……

从这个神话故事中可以看出，即使在远古时代，上天的大门也并没有完全关闭，只要是有能耐的社会精英，战胜了“神荼、郁垒”两位神仙后，依然有机会进入天庭。更何况今天的高考选拔制度，如果你没有足够的毅力去坚持备考，没有非凡的勇气去接受挑战，那么你只能“望天兴叹”，所以这里孙老师想说的是，高三这一年唯一不该放下的是你的学业。你必须好好学习，心无旁骛，你必须咬紧牙关，过关斩将，你必须认真备战，笑傲考场，才能攀登上属于你的天梯。

小贴士 纯真的友谊（张小娴）

我一直都相信，男女之间，可以有一段很纯真的友谊。
我最好的朋友都是男孩子。我们的爱，不是情爱，是友爱。
……
我们会互相关心，会祝福对方，会希望对方成功和快乐。
当有人对他不好，我会为他抱不平。
有人欺负我时，他会毫不犹豫地站在我这一边。
……
我们用不着经常见面，但是，感情永远都那么好。
我永远无法牢记着他的生日，他也弄不清楚我的生日在哪天。
然而，看到适合他用的东西，我会买给他。
他买了一些很漂亮的贺卡，会把最漂亮的那张送给我。
当我沮丧的时候，他会开导我。
当他失意的时候，我会鼓励他。
他失恋的时候，我会听他诉苦。
当我不了解男人的想法时，他会告诉我。
我们之间，也许曾经有过微妙的爱火，
然而，爱火早已幻化成更长久和纯真的友谊。
情人会离我而去，肝胆相照的朋友却是一辈子的。
而你爱着的那个人，也许只能跟你做情人，永不可能跟你做朋友。

胸无杂念　心止即岸

孙老师：

您好！我是一名高二的文科生。从高一开始我就在外面补数学。那位数学老师年轻热情，风趣幽默，博学多才。渐渐地，我喜欢上了他。因为对他的爱恋，我原本平平的数学成绩现在遥遥领先，竟然成了我的强项。对于一个文科生来说，数学成绩好无疑让人欣喜，但我有些烦恼。我知道这样不好，但是，我又担心如果离开他我的数学成绩一定会一落千丈，这让我对他欲近难近，欲舍难舍。请您给我一些建议，让我不再烦恼，谢谢您了。

渴望解脱

渴望解脱同学：

你好！收到你的来信，想象中你应该是个比较内向、敏感的女孩，因为对老师的爱恋，作为一位文科生的你对数学学习有了无穷的动力，“原本平平的数学成绩现在遥遥领先，竟然成了我的强项”，这是值得高兴的事。也因为对老师的“爱恋”，你产生了“欲近难近，欲舍难舍”的烦恼。

且不说你对老师的这种感情能否称得上“爱恋”，因为通常我们说“爱恋”是需要双方情感投入的，传递的信息与情感能够被对方所感受到的或者是有呼应的，而现在从字里行间我感觉到的只是你的单恋，也许只是暗恋。这种暗恋缘于你对这位数学老师的崇拜、迷恋，因为从你的描述中了解到“老师年轻热情，风趣幽默，博学多才”。

首先，这是一种朦胧的，混杂着信任和崇拜、依恋和爱慕的微妙情感。老师想说的是这种情感发生在高中女生身上很能理解，也很正常，如果你的心灵深处由衷地产生了对老师的崇敬、倾慕，而老师既富有才华和人格魅力，又能尊重和理解你、关爱你，那么这是一种很纯真、很美好的情感体验，希望你能够好好珍藏和珍惜，特别是像你提到的那样，能够把自己的薄弱学科成绩迅速地提升上来，这是令人惊喜的。不管这是不是“爱”，都的确会产生神奇的“爱屋及乌”的效应，使你内心自我完善的动机自然流露，表现出较高的进取心和行动的积极化。数学成绩突飞猛进就是典型例子，渴望得到老师肯定，渴望老师给予更多关注。

同时，从信中我也看到了你理智的一面。“我知道这样不好”，说明你很清楚中学阶段的“师生恋”不可能在阳光下成长，只能在你的内心里滋生；不能给双方带来愉悦，只能徒增烦恼。因此，如果沉溺其中不能自拔，或者用非分的欲望或极端的行为去玷污它，那么势必影响你正常的学习和生活，也会给原本你敬仰的老师带来不必要的麻烦，甚至还可能扰乱学校正常的教学秩序。毕竟老师无论怎样，年龄总要比你大许多，也许他正在恋爱阶段，也许他有了自己的意中人，也许他已成家，有自己的配偶和孩子……这一切你都不得而知，或者你知道了但仍然对其十分迷恋，那么最终的结果可能不仅是数学成绩一落千丈，学业也会懈怠荒废，因为你无法集中精力在学习上。可能还会因为理智与情感、幻想与现实、内心的冲动与压抑等情感冲突激烈导致心理问题产生。如此种种的苦酒都需要你独自啜饮，岂不是生命中不可承受之重？你的这份情感既羞于道出，又怯于表示，还惟恐因为自己冒失、轻率的举动会引起对方的不满和反感……给自己带来无尽的不必要的烦恼，这种状况如果长久持续，老师很为你担心。

那么怎么办？老师想告诉你处理这段感情最好的办法是：胸无杂念，心止即岸。及早调适自己的心理，让时间来冲淡一切。“恋师情结”多是一种精神上的单相思，被倾慕的教师往往并不知晓，即使偶尔有所察觉，大多也只能以一种慎重、得体的态度，巧妙地加以处理。一方面，随着时间的流逝，这种得不到强化的情感自然会逐渐淡化，最后只留下一缕美好而温馨的回忆。另一方面，随着你自身阅历的增长和社会交往范围的扩大，你也许不再盲目地崇拜数学老师，或者是随着对老师了解的增多，发现老师也有许多常人不可避免的人格弱点，加上你能够比较理智地判断自己与对方不可逾越的差距、鸿沟，那么你现在的“爱恋”亦会随自我意识的成熟而逐渐冷却消退。眼下的你与其忐忑不安地徒增烦恼，不如转移注意力，多与同伴交流，多读书充实自我，相信一定会云开日出的。

小贴士 如何摆脱师生恋

1. 调整认知，接纳自我。

恋师现象是个人性意识、性行为发展过程中的一种可以接纳的现象，虽然它会对自我的成长产生一些消极的影响，但也是一种正常的情感。这是个人潜意识中渴望得到父母般的关爱的一种转移，只是转移的对象是关心爱护自己的老师，所以要理解和接纳自己的这份情感。这份情感的可取之处是可以调动自身潜力，增强无限动力，由于对执教该门学科老师的热爱从而提升对这门学科的学习兴趣和成绩。

2. 正确评价，去除光环。

处于青春期的学生，此时的思想和情感尚处于幼稚不成熟阶段，对老师的背景、性格等各方面缺乏充分的了解和判别，所以师生恋多半是一时感情冲动，盲目性很大。由于师生恋缺乏实在的对等的基础，同时这种情感不为周围的人所接受，很难持久，且容易分散精力，影响学业。因此，去除老师身上的光环，正确地评价老师和全面地认识这个问题，显得十分必要。

3. 分散转移，同伴交往。

通过分散转移，珍藏中学阶段纯真的师生情感，把想要获得老师的喜爱而使自己更加优秀和追求理想自我的动力机制长久化，激发学习的积极性，促进个人情感的顺利转化，使心灵和情感都得以升华。同时，多与同伴交流，收获同学之间的情谊。积极参加体育锻炼，发展兴趣爱好，阅读文学作品，集中精力，勤奋苦学，以此充实自我，从而淡化这份情感。

不经历风雨，怎能见彩虹

孙老师：

您好！高一上学期的时候我喜欢上了一个女孩儿，期末时我向她表白，她婉言拒绝了，但我依旧喜欢她，只要想到她，心里就特别高兴！但也有几分伤心，我的家境并不好，家里出了好多事，当时向她表白鼓起了很大的勇气。说实话，我这个人最怕孤单，对感情一直很在乎，我知道我现在一无所有，但我愿意努力创造，我更愿意为她而努力！

这学期我们分班了，我们没在一个班，我不敢见她，总是躲着她！家人离我而去我不知怎么办，我想拥有她，和她在一起，每天努力学习，考上好的大学。但自己现在成绩不好，怕三年后一事无成，更不敢见她了。她想要的，我怕我给不了。老师，我该怎么办？

西海岸

西海岸同学：

你好！收到来信我既感到欣慰，又有些担心。欣慰的是你有困惑时能够想到寻求帮助，愿意与老师探讨；担心的是你目前的这种焦虑、纠结状况。从信中看来，你现在面临着个人情感与家庭两个方面的问题。

高中阶段的感情是单纯美好的，倾心一个女孩子，而且很执著，是青春期的正常表现，只要处理得妥当，一定会成为一段美好的记忆留存心中。你信中说在高一上学期期末时，你已经鼓起勇气向她表白过了，想必女孩已经知道了你的心意。看得出来，你很喜欢她，也担心自己不够好，担心自己家中的困境会影响这段感情。老师认为，眼下你最重要的是做好你自己，让你喜欢的女孩可以看到你的优秀之处、可爱之处。

这里老师给你介绍一个真实的故事——

台湾著名主持人欧弟，原名欧汉声，是集主持人、歌手、演员于一身的艺人。欧弟小时候，家道中落，家中欠下了千万台币的债务，父母因此离异。15 岁的欧弟独自承受了这一切。那时的他是一个职高表演班的学生，学校与家相距四十分钟的车程，因为没有坐公交车的钱，欧弟每天需要步行三个小时去学校。因为没钱吃饭，三餐减成了一餐，实在饿得不行了，就靠喝水来填饱肚子，但是欧弟没有放弃。他在学校除了刻苦学习外，还积极参加各种表演类的比赛，磨砺自己。终于，17岁那年，他在台湾举办的“四大天王模仿大赛”中获得了张学友组的冠军，从此开始了他的演艺生涯。

与欧弟相比，我相信你大概还不至于饿了需要以水充饥吧？你的家庭也不至于欠债几百万吧？直到今天，只要看到欧弟的节目，你都可以看到他的勤奋努力、多才多艺，这其实是他多年习惯使然。所以你现在面临的问题、困境，也只是暂时的。英国有一句谚语：The path to glory is always rugged（光荣之路常坎坷）。正如你今天面临了一些坎坷，只要你努力，你的人生必将走向光明，歌词里不是也唱到“不经历风雨，怎能见彩虹”？

知道了努力的源泉，那么，“如何努力”就是摆在你面前的问题。你在信中写道：“我愿意努力创造，我更愿意为她而努力。”这需要付诸实际的行动，比如可以在抓紧学习的同时，发展自己的兴趣，参加一个社团，积极活动，锻炼能力。只有成为一个阳光开朗、努力学习、才华横溢的西海岸，才可能赢得心爱女孩的青睐，你说呢？

另外，如何面对你家中的问题。你在来信中说：“我的家境并不好，家里出了好多事……家人离我而去我不知怎么办。”可以想象你家里目前是出了一些状况，但是你没有细写具体情况，所以老师不是很清楚。看得出来，家中的问题是导致你孤单的原因之一。其实每个人都同你一样很害怕孤单，实际上很多时候我们需要独自面对，因为我们需要成长。哥伦比亚作家加西亚·马尔克斯所写的《百年孤独》，是对孤独这个词最详细具体的描述，其中写道：“生命中曾经有过的所有灿烂，原来终究，都需要用寂寞来偿还。”也许只看这句，会让人觉得占据人生的孤独太多，使人生很可怕，但是，马尔克斯也说：“生命中真正重要的，不是你遭遇了什么，而是你记住了哪些事，又是如何铭记的。”所以，孤独并不可怕，因为生命中重要的、留下的终将是那些美好的事。想要不孤单，除了多与同班同学交流沟通外，还可以通过参加社团、课后文体活动等，找到与自己志同道合的小伙伴。这学期你们分班了，这也是一个很好的契机，人际交往的主动权掌握在自己手里，你就会结识更多的新同学、新朋友。加油吧，西海岸，只要付出努力，你所担心的问题都会烟消云散。情感的纠结，家庭的磨难，都是人生中的一些风雨，风雨过后，便可以见到美丽的彩虹了。

小贴士 导性交往的注意事项

1. 异性交往，要把握好“自然”与“适度”两个原则。

所谓“自然”——在与异性交往过程中，言语、表情、举止、情感流露以及所思所想做到白然顺畅，既不盲日冲动，也不矫揉造作。

所谓“适度”——指与异性交往的程度和方式要恰到好处，应为大多数人所接受。

异性交往的行为准则：男女生之间的交往，要相互尊重，明确责任感，这是道德的基本规范，也是少男少女要遵循的行为准则。

2. 异性交往，要分清是好感还是“爱情”。

爱情是指经济独立、人格成熟的两个异性经过一段时间的交往，彼此有了深入的了解，从而建立起来的持久的亲密关系。

青春期少男少女的人格还不成熟，性情尚不稳定，由于生活阅历有限，对人对己的认识还比较肤浅，再加上终生职业尚未确定，他们很可能不了解自己未来的生活方式，当然也就不知道自己未来需要什么样的人做伴侣。因此，将朦胧的好感当作爱情的萌发，现在就匆忙地与某个特定的异性建立深厚的个人关系，就好比是冒险地踏进一片虽然开着奇花异草，但也暗藏陷阱的森林。

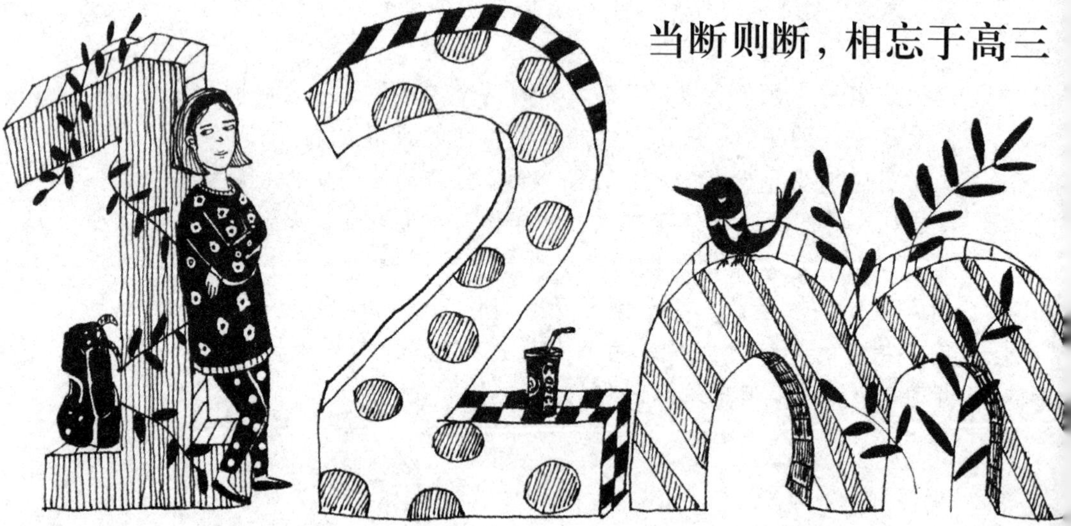

当断则断，相忘于高三

孙晓青老师：

您好！我喜欢一个男生两年了，那个男生不认识我，我向他表白，被拒绝了，但我还是喜欢他。我就要上高三了，他也要参加高考了，或许以后就见不到他了。我很迷茫，我该怎么办呢？

小　乔

小乔同学：

你好！从信中老师读到了处在豆蔻年华的你那份隐秘而婉约的心事：情窦初开，喜欢上一位男生，默默地深藏在心间，思念在梦魇，终于忍不住，鼓足勇气去向他表白了，却被无情地拒绝。“红了樱桃，绿了芭蕉”，你却依然喜欢，依然放不下，于是烦恼的是自己。

或许每一位青春期的女孩，都会有这样的一段情感历程。在十六七岁的花季里，有那样一个人、有那样一段情、有那样一段过往、有那样一些曾经使女孩萌动的心思：喜欢、暗恋、单相思……虽然没有呼应，但女孩的心里眼里，晃动的，全部都是他的影子。女孩的眉梢指尖，攒动的，都是他留下的痕迹。就这样，在每天流过的光阴里，将心中的爱恋变成黑白色的胶片，把他的身影就这样深深地在心中定格、定格……因为距离，产生美感，因为没有呼应，更加充满神秘和向往。于是，女孩想转身，却不能；想触摸，亦不能；想倾诉，更不能……这空泛的日子，在不太紧张的高一、高二，也算不上什么，顶多是情绪有些波动，浪费一点发呆、做白日梦的时间而已。但你也知道，到了高三，高强度的学习使你的心有些累了，时间显得不够了，所以想寻求老师帮助，对吗？

孙老师给你的建议是：当断则断，相忘于高三。“当断则断”是一则典故，出自西汉司马迁《史记·春申君列传论》：“语曰：‘当断不断，反受其乱。’”指做事应当机立断，否则后患无穷。

高三生活即将开始，你的目标是明确的，必须考上理想的高等院校，他亦如此。我不清楚他拒绝你的原因，是不够喜欢还是不想耽误学习时间？不够喜欢说明火候不到，擦不出“爱”的火花，这段情感只能是你独自消融。不想耽误学习时间倒是让老师觉得他比较成熟，善于控制自我。征服自己，才叫真正的成熟。做什么样的人，决定权在自己；有什么样的生活，决定权也在自己。希望你能拿出所有的时间和精力，成就一个拥有阳光心态、精神饱满、全身心投入学习的高三女孩形象，令所有人刮目相看。

前几天，孙老师上一届高三的一位学生给我写了一篇《憔悴损，殷勤难消》的心情散文。该男生因为在高三期间陷入情感漩涡不可自拔，导致考入一所不太理想的大学。所幸的是在心理老师的帮助下，他还算顺利地走过了高考前的那段泥泞。老师希望他以自己为案例给在校的学弟、学妹们一些启示，于是他写了这篇文章，以下节选其文中的一些片断——

……一旦情感发生纠缠，身在其中者，无一不受其影响，享其恶果。失利，不是你一个人的专利。我不反对高三谈恋爱这种行为，只是如果可以，希望大家能将这份感情暂时抑在心头，挂在胸口，那就可以了。每天不要花太多时间黏在一起，更不要花过多心思在彼此之间。如果你真的在意对方，那么就允诺对方一个美好的未来，先考上一个理想的大学吧！

2013 年 12 月 8 日，学校五十年校庆之时，回母校看望老师的我才发现，我们那届的情侣大多都分了，只有寥寥一两对还在一起。曾经在一起一年、两年、三年的最后都吹了，其原因都是彼此没有考好，没有在同一所大学或相近的学校，或没能达到预期的目标——考上理想的大学。无论交往多久，无法给对方承诺一个美好的未来，总是很尴尬的。虽说当时可能不太在意，但是残酷的现实总是会无情地否决可笑的游戏幻想。人总是会长大，会成熟，会社会化，更多的情侣总是在分隔两地后，或小摩擦或大吵闹，或感情淡化或理性通达，最后还是选择了分手，为自己的青春涂上了悲剧的色彩。人生的旅途还很漫长，希望你们能够看得长远些，先考得漂漂亮亮，再开始风风光光！

我想这位学长发自肺腑的真言可以给你一些思考和启迪吧？自己把自己说服了，当是理智的胜利，是心灵的升华。“有舍才有得”，简单的一句话，却蕴含了人生的处世智慧与道理。真正豁达的人，懂得超脱；真正智慧的人，懂得学会放下。相忘于高三，为了更加灿烂的明天。

小贴士 如何摆脱单恋

单恋，是指一方对另一方的以一厢情愿的倾慕与热爱为特点的畸形爱情。单恋多是一场情感误会，是青少年"爱情错觉"的产物。"爱情错觉"是指因受对方言谈举止的迷惑，或自身的各种主观体验的影响而错误地主动涉入爱河，或因自以为某个异性对自己有意而产生的爱意绵绵的主观感受。

克服单恋的办法：

1. 要尽可能避免"爱情错觉"，学会准确地观察和分析对方表情，用心明辨。

2. 要读懂信息，如果你发出的信息永远没有反馈，那只能说明你所谓的爱情是纯粹"单向"的。

3. 要学会用联系的观点去分析问题，把某种信息和其他因素结合起来考虑。如你以为某个男生经常帮助你，于是对其产生好感和向往，岂知这位男生是副热心肠，对谁都乐于帮助，那么你大可不必胡思乱想。

4. 勇敢地抛弃幻想，用理智主宰感情，把这个人放在心底，以其为动力，去做好自己应当做好的事，通过思想感情的转换和升华来进行自我心理调适。

收藏浪漫　调控自我

孙老师：

您好！现在我很烦恼，马上就要上高三了，但是我还是不能很好地控制自己的情绪。我一直暗恋我们班上的一个女孩子，但是我不可以对她坦白，因为我知道我现在的任务是学习。而且我如果坦白了她要是不同意，恐怕我们连普通朋友也做不成了，她要是同意了，那对我们的学习都有影响。我一直劝说自己不要去想，但是总是控制不住自己，我是不是陷得太深了？我怎样才能让自己静下心来学习呢？

思　聪

思聪同学：

你好！从你的来信中我读到了你的烦恼。老师非但没有感到诧异，而且很能理解。因为十六七岁的你们正处在青春期，一些美好情感的种子在你们心里开始萌芽，对他/她产生这样或那样说不清楚的喜爱，是再自然不过的事情，诚如歌德所说的："哪个少年不钟情，哪个少女不怀春？"这种烦恼也许没有什么快刀斩乱麻的方法可以解除，但我还是希望，这份纯真的精神之幼苗能够阳光健康地成长。

你说一直暗恋一个女孩，总是会想到是不是要向她坦白，你希望静下心来学习，但是总容易在这件事情上分心。有些事情往往就是这样，你越是不去想，偏偏这件事情就在脑海里挥之不去，就像是得了失眠症的人，越想要快点睡着，越是整夜地合不上眼。或许这个时候你干脆就宽容自己一些吧，把想念这个女孩的美妙情感当作偶尔走神，转换一下紧绷的神经，然后再集中注意力，全神贯注地投入学习，你不妨尝试一下。

虽然老师没有见过这个女孩，不知道她是什么样的，但我能想象出她身上一定有一些非常美好的品质，或许她长得美丽可爱，或许她性格乐观开朗，或许她聪明好学、成绩优异，或许她很有个性……总之，相信一定是她身上的这些美好品质感染了你、吸引了你，对吗？我想说，学生时代这份纯真美妙的感情是值得一辈子珍藏和回味的。所以我认为你们如果能够健康正常地交往，非但不是什么坏事，还能够更快地促使彼此成长。因为异性之间建立起来的融洽、纯洁、坦荡的友谊，不仅可以帮助彼此欣赏对方的美好品质，吸纳各自的优势，同时有助于促进各自的成长和成熟。在互相竞争、相互鼓励下，你追我赶，学业互补，能力互补，促使双方各方面都获得健康积极的发展，何乐而不为？每个人都应该学会与异性相处，学会相互尊重，学会使自己的言行文明健康，男生可以培养“绅士”风度，女生可以培养“淑女”品行，共同创造一个和谐美好的校园。

但如果只是你一个人的单恋或者暗恋的话，我的建议是最好把这份美妙的感情珍藏心底，因为它不成熟，而且不是双向的。就像张韶涵的一首歌里面唱的：“你说过牵了手就算约定，但亲爱的那并不是爱情，就像是来不及许愿的流星，再怎么美丽也只能是曾经。太美的承诺因为太年轻，但亲爱的那并不是爱情，就像是精灵住错了森林，那爱情错得很透明……”也如你自己所说，假如你鼓足勇气坦率地说出来了，要是女孩不同意，恐怕连朋友也做不成了，岂不更遗憾。最关键的问题在于你们现在的学业负担很重，何况又临近高三了，你可能连调整自我的时间都没有。所以我认为“不如隔着一条清清的小溪，双方还可以在岸边遥遥相望，谁也不要先下水去搅得满溪混浊”，静静地、远远地相处，岂不是更美？你同意老师的观点吗？

信中你说你知道现在的首要任务是学习，希望能够静下心来不再多想，老师感到很欣慰。你们处在十六七岁的美好花季，是精力最集中、思维最活跃的阶段，“少年读书，如日出之光”。趁着朝气蓬勃、青春焕发的大好时光，只有在学海求索中，才能找到斑斓星辉。如果陷入感情的迷潭，可能不仅荒废了自己最重要的事情，而且也不能左右自己的情绪波动。老师在心理中心接触过许许多多这样的案例，其中有不少男生因为把握不了自己因恋爱而带来的情绪、情感波动，导致学业成绩下滑，最终与自己心仪的大学擦肩而过，等到那时当初喜爱的女生也离他而去。

关于控制情绪，给你两个建议供参考：一是调整认识，当你感觉学习任务重，时间紧，如哈佛大学图书馆训诫中说的“即使此刻，对手也在翻书”时，你可能就没有胡思乱想的时间；二是调节情绪，改变身体状态，调整呼吸使呼吸平和顺畅，可以愉悦心情，比如打球、跑步、健身等，让自己出一身汗，然后心情就会好很多。另外，也可以尝试着不断激励自己，给自己积极的自我暗示。

最后，谢谢你对我的信任。成长的道路上总是烦恼多多，但这并不能阻碍我们长大的脚步，愿你能够认真学习，愉快生活，健康成长，在高中毕业后，乃至在许多年以后，高中时代的纯真往事能够成为你隽永而美丽的回忆！

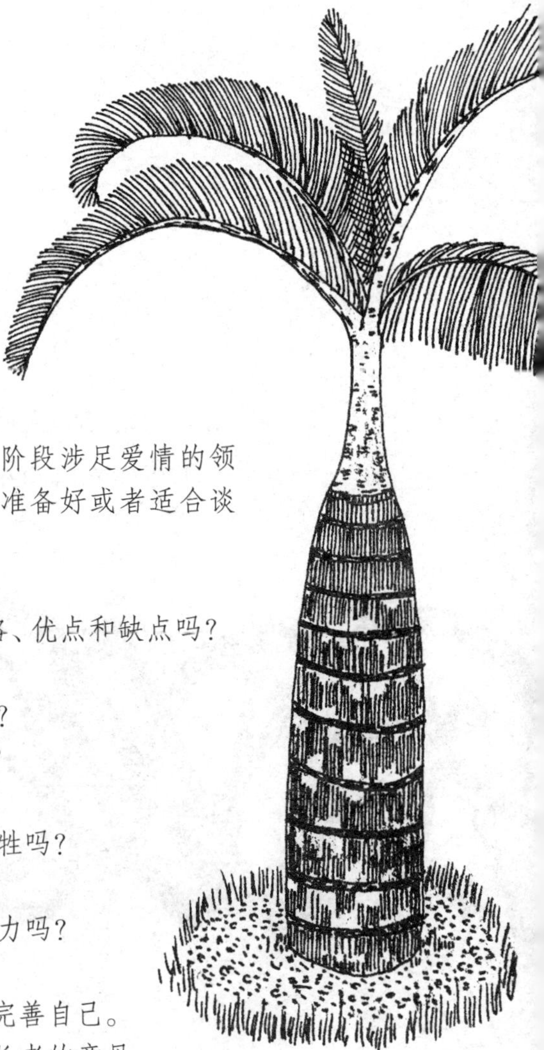

小贴士 高中阶段我适合恋爱吗

爱情不是游戏，高中学生如果想在学生阶段涉足爱情的领域，不妨通过以下的自我测试看看是否已经准备好或者适合谈恋爱。下列各项，在你同意的项目旁打钩。

(　　)我了解自己吗？

(　　)我能说出自己的理想、目标、性格、优点和缺点吗？

(　　)我有独立处理问题的能力吗？

(　　)我有勇气面对困难和承担责任吗？

(　　)我懂得接纳、欣赏自己和别人吗？

(　　)我的思想和行为成熟吗？

(　　)我愿意为所爱的人做出贡献和牺牲吗？

(　　)我懂得去爱和关怀别人吗？

(　　)我有足够支持恋爱花费的经济能力吗？

结论：

(　　)我现在还不适合谈恋爱，首先要完善自己。

(　　)我现在可以谈恋爱，但仍要多听长者的意见。

(　　)我还没弄清楚，需要多想想。

如果以上部分的结论是可以谈恋爱，请你写出你打算如何做。如果以上部分的结论是不适合谈恋爱，请你写出你打算如何做，尤其是怎样拒绝对方的“表白”。

伟大的行动，总是以伟大的目标为先导。同时，伟大的目标如不伴随伟大的行动，那也一文不值。

——尼·布勒马

第五辑　探骊得珠

信息时代，面对新媒体的海量资讯，高中生往往不知所措。本辑涉及高中学习、生活方方面面的案例，比如手机使用、网络成瘾等。只要能够抓住问题的关键和要害，拿出勇气和自制力，克服惰性，战胜自我，付诸行动，就能够体会到收获果实时的喜悦，出口或许就在下一个转角处。

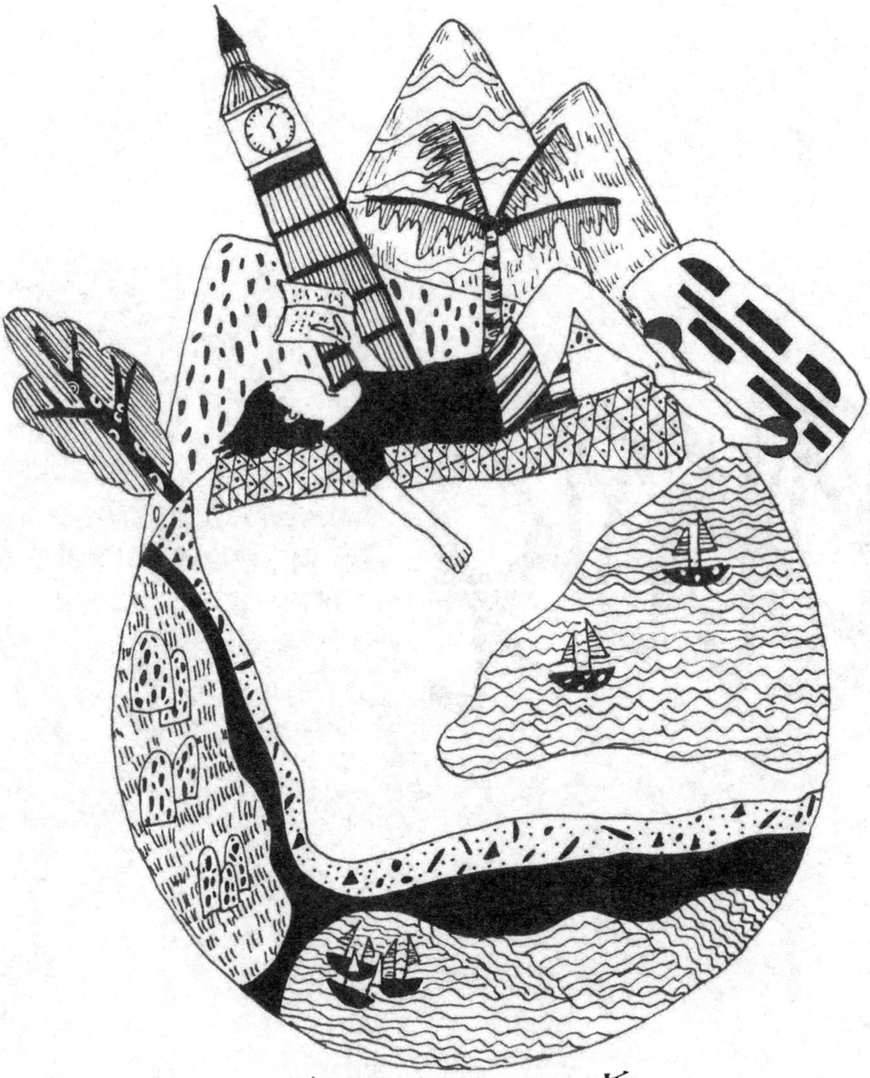

知己知彼，有的放矢

孙晓青老师：

您好！我是一名高三学生，我现在很迷茫，我不知道我喜欢什么职业，想学什么技术。高中快结束了，我还是不能确定自己的兴趣所在。我该怎么办？

迷茫者

迷茫者同学：

你好！你关于专业、职业方面的困惑，其实许多高三学生都有，或许因为学业的高压力，他们没有提出来，也无暇顾及。老师一直在给高三学生上心理辅导课，其中有一堂课，我请学生设计一张自己 20 年后的工作名片（涵盖单位、职业、职称等等），想了解一下高三学生对自己未来可能从事的专业、职业方面的思考和打算。结果，95% 以上的学生面对我发下去的名片纸一片茫然，根本设计不出来，最后交了白卷。只有极个别的目标比较清晰的同学会设计个大概。由此可见，你的迷茫、困惑具有普遍性。“高中快结束了，我还是不能确定自己的兴趣所在”，这并不是你一个人的问题，而是一段时间里应试教育忽略学生职业生涯辅导的共性问题。

与你一样，绝大多数高三学生光知道应付考试，不清楚自己的兴趣爱好、性格特征，今后可以就读哪些大学的什么专业，适合从事怎样的职业，等等，学生和家长都一片茫然。所以每年 5 月份，填报大学志愿时大多数的学生只能是“踩着西瓜皮，滑到哪里算哪里”，要么是根据老师、家长、亲朋好友的固有经验，要么是根据自己的大概分数来选择高校，其结果是到了大学里才发现自己根本不喜欢这个专业，但已经悔之晚矣。有人说职业生涯规划好像应该是大学毕业走上社会时的事，高中毕业做职业生涯规划好像太早了，但很多调查显示，大学再做职业生涯规划可能就已经晚了。

这里，孙老师给你讲一个故事——

他曾经是清华大学的硕博连读生，却主动申请退学，重新参加高考。2003 年，他再次考取清华大学，开始了本科阶段的学习。而这时，他已经 23 岁了。这个人就是刘立早。1998 年，刘立早以 612 分的高分，上了浙江大学的调档线，但未被他所报的院系录取，而被调剂到化学工程与工艺系。2002 年，获得学士学位，并被保送到清华大学化学反应工程专业，硕博连读，但他对自己所学的专业一点不感兴趣。经过对个人兴趣爱好和特长的全面分析和权衡，刘立早决定选择建筑专业作为自己发展的方向。2003 年 3 月，他从清华大学申请退学。2003 年 6 月，他第二次参加高考，并被清华大学建筑系录取。很多人都觉得很可惜，毕竟 5 年的时间过去了，但刘立早认为如果读化工的话，他可能这一辈子都要走一条他完全不感兴趣的道路。花 5 年的时间能够找到自己比较感兴趣的专业，他觉得自己还是比较幸运的。

刘立早说，第一次高考的时候，自己对于大学也好、专业也好，概念都是很模糊的，根本没有清晰的认识，不知道自己以后想做什么。他希望现在的学生在填报志愿之前最好能找到自己喜欢的专业。

所以，你能够在高三阶段提出自己的困惑，这是值得庆幸的，不必像故事中的刘立早那样多花费 5 年的青春年华。假设你的学校有心理辅导教师，你可以前往咨询，如果没有，那你可以通过网络查询了解。各地一般都有青少年成长热线，那里的老师会给予你指点。

高中阶段是职业生涯发展的探索阶段，最核心的内容有三个方面：

1. 全面探索职业生涯发展特征，了解职业兴趣、职业个性、职业能力，了解自己的决策风格。当然，高中阶段对自己的了解更多是以探索成长为目的，而不是贴上一个不变的标签。

2. 确定生涯发展目标，建构职业生涯发展目标体系，初步进行职业生涯规划。

3. 通过各种调查和实践机会评估自身的职业生涯规划，也就是说，要评估各种环境因素对自己职业生涯发展的影响。

简单地说，就是了解自我，了解职业，尽可能实现人职匹配。你可以尝试用霍兰德职业兴趣测试帮助自己大致了解自己属于哪一类型，也可以根据情况加入老师对你的评价、同学之间的互评和他评等，更客观和全面地认识自己。

就像希拉里·克林顿所说的："当有年轻人问我什么是最好的人生方向时，我总是说：充分地认识和相信自己，倾听自己的心声，做自己喜欢做的事情，这样的人生或许会有曲折，但我认为这是最有价值的，也是最好的生活方式。"当你更清楚地了解自我，也了解自己喜欢的专业和职业后，你一定会动力倍增、有的放矢地学习，朝着自己的理想职业努力！

小贴士 我国的职业分类

《中华人民共和国职业分类大典(2015年版)》将我国职业归为8个大类，75个中类，434个小类，1481个细类(职业)：

第一大类：党的机关、国家机关、群众团体和社会组织、企事业单位负责人，其中包括6个中类、15个小类、23个细类。

第二大类：专业技术人员，其中包括11个中类、120个小类、451个细类。

第三大类：办事人员和有关人员，其中包括3个中类、9个小类、25个细类。

第四大类：社会生产服务和生活服务人员，其中包括15个中类、93个小类、278个细类。

第五大类：农、林、牧、渔业生产及辅助人员，其中包括6个中类、24个小类、52个细类。

第六大类：生产制造及有关人员，其中包括32个中类、171个小类、650个细类。

第七大类：军人，其中包括1个中类、1个小类、1个细类。

第八大类：不便分类的其他从业人员，其中包括1个中类、1个小类、1个细类。

意愿＋自律＋行动＝成功

孙老师：

您好！我现在是一名高二的理科生，不知道为什么总是学不进去。我身边的朋友都是成绩不错的，而我还不知“廉耻”地瞎混。马上就要迎来第一次全市联考了，就我现在的成绩，别说考二本，就是三本的尾巴也够不到，可我也想上二本啊！每当想到自己的家境时，便立志好好学习，将来挣大钱孝敬父母，但没过一天时间，便又忘了。我老幻想以后干些别的事情赚钱，如写小说、设计网页、开发游戏等。可真正去学的时候，发现自己根本看不懂那些书。每次都羡慕别人的成绩，自己却不想付出，只想有回报。我也明白我缺乏的是恒心、毅力，不知道该怎么办？希望您能帮我。

公孙萧明

公孙萧明同学：

你好！从来信中看出你的心智还不够成熟，想法很多，比如想上二本，想好好学习，想将来挣大钱孝敬父母，想以后干些别的事情赚钱，如写小说、设计网页、开发游戏等。问题出在你只是停留在“想”上，没有自律意识及真正付出行动，尽管你自己明白你缺乏的是恒心和毅力，但培养恒心和毅力不是一朝一夕的事，需要一点一滴的努力。

罗曼·罗兰有句名言：“没有一次争取是一劳永逸地完成的。争取是一种每天重复不断的行动。人们必须一天又一天地坚持，不然就会消灭。”这里老师给你讲一个68岁老人学日语的故事——

一个日语学习班新一学期开学报名时，来了一位满头银发的老者。

“给孩子报名？”负责接待的小姐问道。

“不，给我自己报名。”老人回答。

小姐愕然。

老人解释道：“儿子娶了个日本媳妇，他们每次回家来，说话叽里咕噜，我不懂，听着着急，就想学习日语，能够和他们交流。”

“您今年多大年纪了？”小姐问。

“68。”

“您想听懂他们的对话至少要学习两年的时间。可是两年以后您都70岁了呀！”

老人笑呵呵地反问：“姑娘，你认为我如果不学，两年以后就是66

岁吗？”

故事告诉我们，老者虽然已 68 岁高龄，但仍然按照自己的意愿报名学习日语。暂且抛开他的精神不论，也不管他是否能够成功，光开始学习了这一点就值得我们学习。只要开始就有希望，无论他年龄有多大，你说呢？老人的反问多么幽默又富有哲理，时光是最公平的，也是谁也留不住的，在转瞬即逝的时刻，重要的是做一些自己想做的事情。无论年龄有多大，只要开始行动就永远都不算晚。

与之相比，你是否会产生一些触动呢？你有许多想做的事情，但希望你能够排个序，哪些事情是眼下对你来说最重要的？你需要聚焦在一件事情上。“每次都羡慕别人的成绩，自己却不想付出，只想有回报。”“立志好好学习，将来挣大钱孝敬父母，但没过一天时间，便又忘了。”所以对你来说，最关键的是培养自律意识，同时付诸行动。人们最大的弱点就是想顷刻间成就丰功伟业，这其实是痴人说梦。但是，任何事情都是渐变的，只有持之以恒，只有一步一步地增进知识，才可能迈向成功。

目前尚在高二的你，从今天开始努力，时间上还来得及，而且来信中说，你身边的朋友都是成绩不错的，这是一种很好的资源。充分利用你的朋友圈，多向他们请教一些学习方法，借鉴之后为我所用，同时按照以下老师给你的小贴士去培养自律性，假以时日，相信你会发现一个全新的自我。

小贴士 如何培养自律性

1. 聚焦目标。

培养自律性最佳的方式是为自己制定系统目标及常规目标，特别是在你认为重要的、需要长期追求的指标项目上。例如，为了持续地写作及演讲，每天固定将所读的资料存档，以作为日后参考之用。

2. 有序推进。

如果能够安排好做事的先后顺序，然后按这个顺序去做，刻意从其他的事情中抽出身来，这会让你有足够的精力去完成当前的首要任务。这是自律的基本精神所在。

3. 挑战借口。

想培养自律的生活方式，首要的功课就是不要找借口。如果你有几个令你无法自律的理由，那么，你要认清它们只不过是一堆借口罢了。

4. 排除干扰。

事先做好规定，在任务完成之前不允许自己去做其他无关的事情。

5. 关注过程。

无论任何时候，如果你把注意力过多放到学习、工作的难度本身以及结果、奖励等方面，就很容易垂头丧气，所以尽可能把目光转回到实现目标的过程上，享受过程，然后认真地按部就班地去努力行动，花工夫彻底做好它。

激发勇气　果断行动

孙老师：

您好！我今年高三，是文科生，还有半年就要高考了。高一、高二时我没好好学习，原来想上完高中就找个工作。现在我想学了，觉得还是上个好大学工作的机会才会更多，但是感觉太晚了，是不是真的来不及了呢？我该怎么办？

海浪涛涛

海浪涛涛同学：

你好！实事求是地讲，如果像你信中所说的高一、高二没好好学习的话，还有半年就要高考了，从时间上来说的确是蛮紧张的。但如果从现在立即行动起来的话，就有可能会成功。孙老师这几年一直在高三教学，不少高三同学之前稀里糊涂地过日子，到了高三最后一个学期突然醒悟了，于是发愤图强，由于学习目标明确，学习动机强烈，结果考取大学甚至考取一本院校的也大有人在。

这里老师先给你讲一位名人的故事——

1952 年，我国著名的人口学家马寅初老先生以七旬高龄开始学俄语，周围有人对此持不赞同的态度，马寅初则说："年纪大了，记忆力是不如年轻人，但是恒心与勤奋是能够弥补这方面的不足的。据说俄国的列夫·托尔斯泰在 70 岁时才开始学骑自行车，我 70 岁也可以学习俄文嘛！"就这样，曾任北大校长的马寅初，像一个小学生那样，每天晚上冷水浴后，便开始做俄语题。如此两年，坚持不懈，终于掌握了俄语，还能阅读列宁、斯大林等人的原著。

这样想来，与一位 70 多岁的老人相比，你还有理由感觉时间太晚了吗？眼下的你正当记忆力最旺盛、精力最充沛的年华。古人说过"少而好学，如日出之阳"，意思是少年好学如同初升的太阳那么鲜亮。没有什么比披荆斩棘一路前进更能让你心安，也更能促你成长的了。所以可以肯定地说，只要你现在努力，情况只会一天天好转起来，不是吗？

最近微信里有这样一则故事："你觉得为时已晚的时候，恰恰是最早的时候。75 岁时，他跑去欧洲当背包客；87 岁时，他重返大学念书；93 岁时，他选择到医院当义工；98 岁时，他成为全球最老硕士；如今，105 岁的他，传奇还在继续……这是一位名叫赵慕鹤的老人的真实经历。”相信这个励志故事足以打消你一切为时已晚的念头了吧。

曾经有一位哲学家，临死前将自己所有的著作丢入火堆，只留下一段对人生的注解——如果将人生一分为二，前半段的人生哲学是“不犹豫”，后半段的人生哲学是“不后悔”。这就告诫我们，面对生活中的问题时，不要陷入无尽的后悔与自责中，需要做的是及时、果断地拿出你的勇气，既要有当机立断的决心，又要有永不后悔的气魄。

很多人以为自己的命运早已被写在星相书上，谁也改变不了。其实错了！你的命运是你自己写成的，每天的生活积累成你的命运，唯一应对生活负责的，只有你自己，也只有你自己才有力量去改变命运。如果说之前“你想上完高中就找个工作”的想法左右了你的学习态度和行为的话，现在既然你想学了，觉得还是上个好大学工作的机会才会更多，那么请马不停蹄地去一步步改变自己的命运，用勤奋刻苦书写人生，要知道你的每一步都在迈向高考的成功。

“所有高三的学弟学妹们，还剩下的半年你们会有读不完的书，有写不完的字，会觉得未来似乎永远遥不可及。可这多美好啊！就像跋山涉水来到一扇大门前，再加加油就可以推开了，而你们不知道门背后迎接你们的是什么，那新世界里的每一扇门都蕴含着最美妙的未知。这是最好的时光，总有一天你会回首凝望！”这是孙老师刚刚考上一本院校的学生写给学弟学妹的寄语，与你一道分享，希望能给你启发。

小贴士 何为“有勇气之人”

勇气就是自我激励的精神产物，是我们生活的最大动力。只要有勇气，在某一环境下应对某个挑战时就能充分发挥我们的内在潜力。勇气是相信自己的具体表现，来自对自己能力的肯定。有勇气之人通常有以下表现：

1. 自我肯定。
2. 相信自己的能力。
3. 敢于冒风险。
4. 有很强的自立能力。
5. 能够客观地认识自己的缺点和弱点。
6. 能够控制自己的感情。
7. 把失败和挫折当作学习的机会。
8. 对未来有信心。
9. 认可自己和他人的差异。
10. 与他人之间是协作的关系。

以行动为桨，抵达梦想之彼岸

孙老师：

您好！我是一名高三学生，刚刚通过了飞行员体检，只要明年的高考分数上了一本线，我就可以成为一名光荣的飞行员了。离高考没多少时间了，按说我应该很紧张，应该全力以赴投入复习中，但是为啥一直进入不了学习状态，真急人。我的北航梦还有多远？考不上该是多么的可惜！那可是一辈子的遗憾啊。请问我该怎么办呢？

晗笑半情歌

晗笑半情歌同学：

你好！首先孙老师要祝贺你能够通过飞行员体检，因为这是相当不容易的，在今天这些高三学生体质普遍较差的情况下，你能够脱颖而出，可喜可贺！在不久的将来，中国的蓝天上会多一位年轻的飞行员，孙老师由衷地为你骄傲。

什么叫梦想？梦想就是愿望，是理想，是孜孜以求的渴望。什么是彼岸？彼岸就是未来，是明天。此时的你已经有了一个相比其他高三学生更加清晰的梦想——考上北航，成为飞行员，那么如何泅渡方可以抵达那个“梦想之彼岸”呢？老师先给你讲一个“只争朝夕”的朋友李兰的故事。

“前段时间，她和我偶然路过一小区。这小区闹中取静，交通便利不说，附近的配套设施还很完备，景观也是数一数二的。我们坐在小区的草坪上晒着太阳，她说：我喜欢这里，一定要住到这里来。我以为她说着玩，没想到她真的行动了。这个小区是个老小区，不被人关注，她就去了附近的房产中介，居然找到了一套70平方米的旧房子，两室一厅。除了房子旧点，其他的没啥缺点，房后正对草坪，而且房主准备出国，急要现金，所以房价抬得并不高。机会让她逮着了，别人以为不可能的事愣是被她碰到了。她把房子简单布置了一下，搬了进去，三个月内实现了梦想。

“英国是我和她共同的梦想。因为我们都喜欢英国的小镇，我曾无数次地对她说，等孩子稍大一点，我一定要去英国住一段时间，走遍那附近的乡间小镇；而她说想去就去吧，何必要等以后。去年十月，她休年假时，提前在网上订好了往返的廉价机票，操着她那一口烂英语只身去了英国。一个月时间，她走遍了英国的小镇，遇到了两个意外的朋友，回来正捣鼓着写一本英国小镇的书呢，让我妒忌得吐血。她笑着说：我只是想到了就去做。你们想太多了，就什么也做不成了。人生那么短暂，为什么老是要等以后才做某件事呢？等我存够了钱，我要去西藏，也许，等钱存够了，已没有健康的身体，或是没有冲动的心情……我希望不留遗憾，做什么都得行动，不是吗？”

我想你应该明白你现在的问题在哪里了吧？缺乏行动力！缺乏去做、去行动的方案，还只是停留在通过飞行员体检的沾沾自喜上。这样的话，梦想只能是挂在天空中的想法，梦想还是在遥不可及的地方。而这个叫李兰的女子，因为想到就去做，小小的梦想一个一个实现了，这就是行动力的魔力。行动力可以将梦想变成现实，行动力可以让我们享受梦想实现的快乐，行动力可以将生活变得五彩缤纷。所以，不管我们做任何事情，有想法，不要等待，立刻行动，不要等到白发苍苍，才发现我们的梦想还在远方。拥有行动力，想到就去做，那么，我们也可以像她一样，能够一步一步更接近梦想。

两年前，孙老师也有一位学生被录取为中国民用航空飞行学院的学生，我曾经约请他在学校的校刊上写一篇感悟文章。他的标题是“从母校起飞”，其中写到这样一句话，与你一起分享：“人生需要的是规划，在前行的路上，来不得半点好高骛远，要学会做出正确的定位和选择。”

目前你唯一的选择就是全力以赴应对高考，而不是一味地在结果上纠结：“我的北航梦还有多远？考不上该是多么的可惜！那可是一辈子的遗憾啊。”你可以做的是：从学习态度上着手，从学习方法上突破，提高学习能力，提升学习效率。因为比起班上其他的同学，你的目标更明确，他们尚处在昏天暗地中不知自己会得到哪所大学的青睐时，你已经知道自己的去向，而且是一个令人羡慕的、是许多同龄人无法企及的大学和职业。所以你一旦行动起来，应该动机明确，动力更足，不是吗？相信你只要以行动为桨，奋力前行，一定可以顺利抵达梦想之彼岸，实现你的飞行员之梦。

小贴士 如何提升自我行动力

行动力，是指策划战略意图，具备超强的自制力，同时能够去突破自己，实现自己想做而不敢去做的，或者是自己认为自己能力不足的事，制订计划就下定决心一定要去实现。

行动力等级划分：

1. 入门级：有想法，但主动性差，害怕冒险，惧怕所面对的困难与挫折；容易受惰性和不良风气的影响，没有自信；奋斗目标不明确，缺少行动动力。

2. 初级：敢于主动请战，承担相应的职责；敢于用“尝试”的方法解决问题，不惧怕困难与挫折，比较有自信；树立了相当明确的目标，并开始尝试为之努力。

3. 中级：敢于打破固有模式，敢于用新办法、新思路来创新和解决问题；敢于立即采取行动，不怕失败打击；对于目标和任务总能按时或者提前完成；积极应对压力，不怕困难与挫折，敢于不断尝试；已经能有效运用行动工具，掌握一定的实现目标的具体方法。

4. 高级：具有强烈的冒险精神，非常愿意不断尝试创新和创造；面对过程中的困难与挫折毫不畏惧，坚持走自己的路，有足够的行动力实现目标。

提升自我行动力——

相信自己行，才会我能行；
别人说我行，努力才能行；
今天若不行，明天争取行；
能正视不行，也是我能行；
不但自己行，帮助他人行；
相互支持行，合作大家行；
争取全面行，高考才能行。

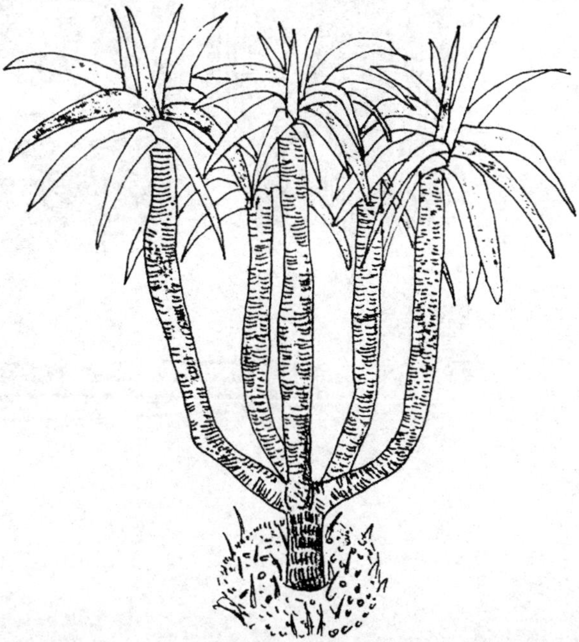

自觉使用　有效管理

孙老师：

您好！我是一名高一学生，家里人总是反对我上学时带手机，可是我总觉得不拿手机不带劲！我认为别人都拿手机而自己没有，就好像和他们之间有一种隔阂，聊不到一块去！还有就是有事需要联系时，没有手机也不方便。其实我也担心带手机会影响学习。我不知道是对还是错！我该怎么办？

露　露

露露同学：

你好！你信中反映的由手机使用问题引出的烦恼，其实困扰的不仅仅是你一个人，也不仅仅是我们国家的学生，这或许是信息时代背景下全世界学生都面临的困扰。今年寒假，老师带学生去美国友好学校——新泽西州皮斯凯特维高级中学访问交流，美国老师与我探讨的话题就是："如何让学生管理好自己的手机？"因为在美国的高中课堂，我们看到的情况是不少学生手持 iPad、iPhone，不停地玩游戏、刷微博、上网等等，使向来以课堂自由著称的美国老师也忍无可忍了。看来，你提出的是一个具有时代性、普遍性和全球性的问题。

今天，我们身处一个信息化时代，手机已经成为我们生活中的必需品。手机让我们更加便捷地联络，手机让我们时时可以获取信息、可以拍照、可以视频……多功能的手机甚至可以替代电脑的大部分功能。所以我想你的家人反对你上学带手机，其实是没有必要的。这有点像"舜命鲧治水，鲧只懂得堙、填之法"，也就是说，不让你把手机带去学校，采用的仅仅是堵的办法，造成的结果是，你觉得："不拿手机不带劲！我认为别人都拿手机而自己没有，就好像和他们之间有一种隔阂，聊不到一块去！"但带了手机并不等于一定要开手机，玩手机，对吗？

上海许多学校的做法是，学生可以带手机来学校，但是教学区域、教学时间内，学生手机除非特殊情况下，一般不可使用。特殊情况包括需要紧急求助、急需联络家长等。放学回家时可以打开手机，这样万一有事，家长、老师联系起来比较方便。

至于手机使用的自制力问题，老师想给你讲一个故事：

曾经有一个间谍被敌方捉住以后，就立刻装成又聋又哑的样子，真是"一问三不知"，任凭敌人用什么样的方法问他，他都不为所动。最后，审问的人故意和气地对他说："好了，你走吧！"

如果是一个自制力缺乏的人，肯定会立刻展露笑容，甚至转身走了。要是这个间谍也这样做，那他的小命就保不住了。但他依旧毫无知觉地呆立着不动，好像完全没听懂审问者的命令。

审问者原本是想以释放他、给他自由的方法，来观察间谍是否真的又聋又哑。因为当一个人在获得自由的时候，常常会抑制不住内心的激动。但那个间谍没有上当，他毫无反应，仿佛审问还在进行，这就不能不使审问者相信他的确是个聋哑人了。因为有了自制力，间谍的生命得以保住。

我想你已经明白这个故事的启示了吧？在征得你父母同意的前提下，你把手机带到学校，其实考验的是你的自我管理能力和自控力。如果你一点不受手机的干扰，正常使用，偶尔与同学聊聊关于手机的话题，显得你不那么另类，老师相信是不会影响学习的。如果你上课一直在玩手机，课余时间也不停地发消息、上网、打游戏而分散学习精力等等，父母自然就会把手机作为影响你学习成绩的首要因素，从而限制你使用。老师所在的学校，每位学生都签订一个手机使用公约，违背公约的话，会接受一定的处罚，比如被老师要求暂停使用或者没收手机两周时间等，以此来规范手机使用。

林肯在年轻的时候，是一个性情暴躁、脾气很大而且没有自制力的人，他曾经与人决斗，几乎丢掉性命。但是，他终于有一天醒悟了，要成功就必须克制自己，于是开始练习自制，终于成为一个具有忍耐力的人。他曾经这样说："从我养成这个自制的习惯以后，自己真不知获得了多大的利益！"希望你能够以林肯为榜样，从手机的使用开始，养成自制的习惯，学会管理自己的学习生活。自制会让你受用终生。

小贴士　学生手机使用公约

希望带手机进校的同学，增强自制力和自觉性，端正使用手机的态度，并严格遵守以下公约：

1. 所有教室、实训场所、图书馆、会议室等地方全天24小时不能使用手机，并让自己的手机处于关机状态。

2. 宿舍中午午休时间、晚上熄灯后禁止玩手机，以免影响休息。

3. 考试期间严禁携带手机进入考场。

4. 不得在校内任何地方进行充电，以免造成安全隐患。

5. 课余时间减少不必要的短信、微信闲聊，更不要沉迷于手机游戏，加强自控能力。

6. 保管好自己的手机，不在同学面前炫耀手机的款式、功能，不互相攀比。

7. 坚决抵制不良信息，不浏览不健康的网站，更不要通过手机参与赌博。

8. 凡违规使用手机的同学，请自觉将手机上交给老师，等待进一步处理。对违规使用手机而拒绝改正者，请其家长来校配合教育。

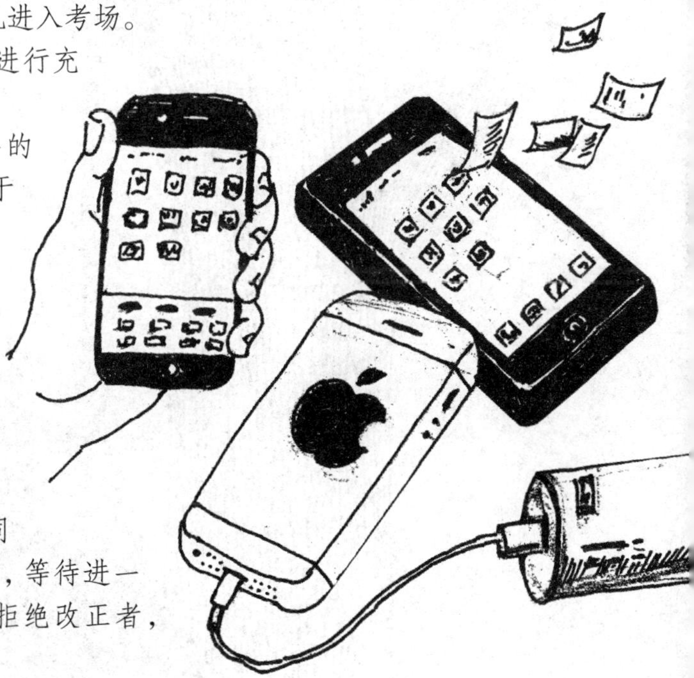

拥有平常心　坦然来应考

孙老师：

您好！我是一名高三学生，面对即将到来的高考不是很害怕，但每周的小考让我很头疼！因为每次考试都会出现不利于考试的种种症状，例如，头疼、考前感冒、焦虑、无法入眠等。我很担心在高考前也会出现类似的情况，咋办？请老师帮帮我。

浅浅的风

浅浅的风同学：

你好！你的问题其实是如何应对考试焦虑。考试焦虑是对考试的情景与考试的结果产生恐惧和担忧的心理状态。考试焦虑的表现通常有以下几个方面。

1. 认识方面：过分重视考试的结果，担心自己能否通过考试，是否会失败，总想过去的失败经验，容易想到与考试无关的事情，注意力、记忆力、思维的灵活性受到损害。

2. 情绪及生理方面：情绪紧张、焦虑，总是担心会有不好的事情发生，甚至出现恐惧心理，严重焦虑发作时会有濒死感。生理方面出现呼吸困难、呼吸加快、心慌、胸闷、恶心、呕吐、口干、面色苍白、出汗、手脚发凉、尿频尿急等症状。

3. 行为方面：

（1）拖延，考试前不主动复习，能拖则拖。

（2）逃避，考试来临，无故不参加考试。

（3）运动不安，常在焦虑严重的学生中出现，表现为坐立不安、小动作增多。

联系到你的情况，由于每次小考中表现出的考试焦虑状态，你担心起高考的情况，那么我想说的是，每周的小考你都很焦虑，说明你是一位非常关注自己成绩的同学，非常看重每一次考试的结果。这一点老师很高兴。但是往往把考试问题看得越重，就越会在对待考试的时候失去平常心。失去了平常心，确实就很难应对考试了。那么如何保持平常心呢？老师摘录文汇报上一篇《常想一二》文章中的几段文字与你一起分享：

少想不如意事，多想如意的事，这是民国元老于右任的人生态度。他曾写过这样一副著名的对联："少思八九，常想一二。"横批是

“如意”。既然“不如意事，十常居八九”的大趋势基本无法改变，那何妨索性忘掉或少思那不顺心的“八九”，多想想让人高兴的“一二”。这可不是阿Q的精神胜利法，也不是鸵鸟的埋头战术，而是达观者的生活态度。

比如说吧，是楚霸王，你就应常想破釜沉舟，少思霸王别姬；关老爷呢，该常想过五关斩六将，少思走麦城；曹孟德就应常想官渡大捷，少思赤壁惨败；李后主呢，要常想“凤阁龙楼连霄汉”，少思“最是仓皇辞庙日”；孟进士呢，该常想“春风得意马蹄疾”，少思“昔日龌龊不足夸”；东坡先生，则宜常想“千里共婵娟”，少思“高处不胜寒”；清照女士，当多想 “应是红肥绿瘦”，少思“凄凄惨惨戚戚”；拿破仑元帅呢，应常想奥斯特里茨战役，少思那不幸的滑铁卢。总之，要多想“金榜题名，洞房花烛”的高兴事，少思那“将军被擒，宫女失宠”的倒霉事。

不过，“少思八九，常想一二”，也要讲个辩证法，把握好一个度。“常想一二”是为了调整情绪，保持乐观，但绝不能躺在“一二”上睡大觉，自我麻醉，感觉良好，而要积极开拓“一二”的领域，挖掘新的“一二”出来。“少思八九”也不等于不思，一点不思那就成了没肝没肺的糊涂虫，而是要少思、精思加反思，在反思中总结经验教训，在精思中悟出人生真谛，以少犯错误，少走弯路，尽量减少“八九”的内容。这样，我们才能宠辱不惊，乐观豁达，拥有一个充满希望而进退自如的快乐人生。

反思自己的学习，用一颗平常心对待考试，不胡乱联想，尤其到了高三，考试几乎就是家常便饭，铺天盖地的试卷和一场场没完没了的考试会扑面而来，重要的是稳住自己，坦然应对。一般来说，你如果能够做到以下几点，相信应对考试就是一件比较轻松和简单的事情了。最后预祝你考试成功！

1. 消除考试前的各种心理压力：通常这些压力来自家长、老师和自己。我不知道你的压力主要来自哪一方面，但可以肯定地告诉你，这些压力源中最能够改变的还是你自己。放松心态，调节自我，才是积极主动的应对方式。

2. 纠正不正确的应考方法：主要表现在考前不会合理地进行各种复习，抓不住重点，复习没有计划性，不懂合理安排时间，这样也会造成紧张感，甚至出现严重的焦虑情绪。

3. 学会科学用脑：

（1）合理安排复习，不打长时间的疲劳战。

（2）注意饮食平衡，这里主要是指饮食中各类营养物质的平衡，不能偏食、挑食，不主张进食各类补品、营养药物。

（3）要有足够的睡眠。

4. 正确处理焦虑情绪：如正确认识考试焦虑，注意劳逸结合，避免饮用浓茶、咖啡等易使人兴奋的饮品，有焦虑产生时，用腹式深呼吸放松自己，焦虑严重时，也可用臆想性放松方法，使自己放松，增强自信心。

小贴士 **应对考试焦虑的三种方法**

1. 呼吸放松法。

舒服地坐在座位上，双目微闭，排除杂念，意念集中，进行深呼吸。通过鼻孔慢慢将气吸入，使腹部鼓起来，吸足后再缓缓用嘴和鼻孔同时将气呼出。练习 3 ~ 5 次。

2. 冥想放松法。

调整坐姿，尽量使四肢舒服一些，闭上眼睛始终保持舒缓而均匀的呼吸，要能体验随着想象有股暖流在体内运动。指导语（配有音乐）：“我仰卧在水清沙白的海滩上，沙子细而柔软，阳光暖暖地照在身上，耳边传来海浪轻轻拍打海岸的声音。思绪随着节奏飘荡，涌上来又退下去，微风吹来，有一种说不出的舒适。阳光温暖、海风轻缓，只有蓝色的天空和大海笼罩着我，身体暖暖的。我的头很轻松……我的脖子很轻松……我的手臂很轻松……我的腿脚很轻松……整个人的心灵变得很平静。”

3. 肌肉放松法。

先找到一个放松的姿势，深呼吸，尽可能地全身放松。接着拉紧全身肌肉，然后立即解除紧张，交替进行三次。指导要领：先闭目深呼吸，全身放松；然后伸出双手，握紧双拳，绷紧双臂；皱起前额，咬紧牙关，嘴角尽量向两边咧；拱起背部，绷紧背部肌肉；屏住呼吸，绷紧腹部肌肉；绷住双腿。

自制　自控　自理

孙老师：

您好！我是一名职高学生，学计算机专业，自从学会上网以后就沉迷于网络，可能有网瘾了。看到别人学习，我也暗下决心，可都是三分热度没过去，就又抵制不了网络的诱惑，跑去上网了。我很苦恼啊！

冷

冷同学：

你好！你目前苦恼的问题是沉迷网络，无心学习，“看到别人学习，我也暗下决心，可都是三分热度没过去，就又抵制不了网络的诱惑，跑去上网了”。可见，你的自控力比较弱。西塞罗有句名言：“自制就是用理智的头脑有力地支配情欲和其他邪恶的意念冲动，使之适可而止。”

这里老师给你讲一个美国通用公司裁员名单的故事——

2003 年 7 月，美国通用公司公布了裁员名单，规定内勤部办公室的艾丽和密娜达一个月后离岗。那天，大伙儿看到她俩都小心翼翼的，更不敢和她俩多说一句话，因为她俩的眼圈都红红的。这事摊到谁身上都难以接受。

第二天上班，这是艾丽和密娜达在通用公司的最后一个月，艾丽的情绪仍很激动，谁跟她说话，她都像灌了一肚子的火药，逮着谁就向谁开火。裁员名单是老总定的，跟其他人没关系，甚至跟内勤部都没关系。艾丽也知道，可心里憋气得很，又不敢找老总发泄，只好找杯子、文件夹、抽屉撒气。

“砰砰”！“咚咚”！大伙儿的心被她提上来又摔下去，空气都快凝固了。人之将走，其行也哀，谁忍心去责备她呢？

艾丽仍旧不能解气，又去找主任诉冤，找同事哭诉。“凭什么把我裁掉？我干得好好的……”眼珠一转，滚下泪来。

旁边的人心里酸酸的，恨不得一时冲动让自己替下艾丽。自然，办公室订盒饭、传送文件、收发信件，原来属于艾丽做的工作，现在都无人过问。

不久，听说有一些人到老总那里替艾丽说情，好像都是重量级的人物，艾丽着实高兴了好几天。不久，又听说这次是一刀切，谁也通融不了。艾丽再次受到打击，气鼓鼓的，许多人开始怕她，都躲着她。

艾丽原来很讨人喜欢，但后来，她人未走，大家却有点讨厌她了。

密娜达也很讨人喜欢。同事们早已习惯了这样对她："密娜达，把这个拉一下，快点儿！""密娜达，快把这个传出去！"密娜达总是连声答应，手指像她的舌头一样灵巧。

裁员名单公布后，密娜达哭了一个晚上，第二天上班也无精打采，可打开电脑，拉开键盘，她就和以往一样干开了。密娜达见大伙儿不好意思再吩咐她做什么，便特地跟大家打招呼，主动揽活。她说："是福不是祸，是祸躲不过，反正这样了，不如干好最后一个月，以后想干恐怕都没机会了。"密娜达心里渐渐平静了，仍然勤快地打字、复印，随叫随到，坚守在她的岗位上。

一个月满，艾丽如期下岗，而密娜达却留了下来。部门领导当众传达了老总的话："密娜达的岗位，谁也无法替代，密娜达这样的员工，公司永远不会嫌多！"

艾丽一味地抱怨不幸，在怨天尤人的愤怒情绪中，把事情搞得越来越糟，结果错过了解决问题的机会。不叫她走人，那才怪呢！

故事告诉我们，无论是情绪还是行为，自我控制做得好的话，可以将阻力化为助力，帮你解危化险，使你安然无恙。同样道理，上网也涉及一个自我控制问题。当今社会，网络连接大千世界，似乎谁也离不开网络，但作为一名学生，学习仍然是你的主业。因为你是职高学生，学习的又是计算机专业，当然需要接触电脑，精通电脑，需要上网，这无可厚非，但如果影响了正常的学习生活，导致无心学习，荒废大好青春光阴，那是需要引起重视的。曾有媒体报道，长沙某高职院校一名大一学生通宵上网导致猝死。医学专家提醒："长时间上网，久坐不动，易造成血管内栓塞、肺梗死。晚上熬夜上网，神经持续兴奋易造成心律紊乱等。若长时间上网出现胸闷、心慌、呼吸不畅等症状，要立刻停止上网。一般情况下，上网最好不要超过 4 小时。"可见上网需要节制有度，如果按你说的陷入"网瘾"的话，那或许真的需要医学干预和戒除了。

培养自制力，增强自控力，管理好自己的学习生活是眼下的你急需去做的。采用系统脱敏、制定承诺签约书等办法，规定好自己每天只能上网几个小时，达成目标和约定后给予正强化，然后慢慢缩短上网时间，回归正常的学习生活。维持你对自己的控制，保持你所拥有的冷静与沉着，就意味你战胜自我，赢得胜利了！

小贴士 怎样才算网络成瘾

2008年11月8日，由北京军区总医院制定的《网络成瘾临床诊断标准》在京通过专家论证，首次将网络成瘾纳入精神病范畴。该诊断标准最大成就是确定了网络成瘾的“6小时”标准。一个人使用网络的目的不是为了学习和工作或者不利于自己的学习和工作，平均每天连续使用网络时间达到或者超过6小时，且此症状已经达到或超过3个月，即可诊断为网络成瘾。有网瘾的人一般会出现以下9种情况：

1. 只有不断增加上网时间才能满足心理需求。
2. 下线后继续想象上网情形。
3. 无法控制上网冲动。
4. 将上网作为解脱痛苦的唯一方法。
5. 长时间迷恋上网导致睡眠节律紊乱。
6. 对家人或亲友隐瞒迷恋网络的程度。
7. 将上网放在最重要的位置。
8. 因为上网而失学或是失去朋友、亲人。
9. 虽然上网后会很后悔，但还是忍不住要上网。

学习中韬光养晦，高考中方可厚积薄发

孙老师：

您好！虽然是高三，我却不去奋力拼搏。在看到别人考了高分时，总是安慰自己，那算什么，只要努力我也可以的，可事后又开始无所顾忌地去嘻嘻哈哈地玩了……请指引我该怎么走下一步？

chunkun

chunkun同学：

你好！从信中我还感觉不到你人在高三的紧张，看到别人考了高分，你不仅不努力，还无所顾忌地去嘻嘻哈哈地玩。不知道你本身的学习基础如何，看起来应该还可以，因为你说只要自己努力，也是可以获得高分的。所以你给我的第一印象是：活泼有余，努力不足，天性乐观，能自我安慰，但自控力较差，惰性较强。如果让这种状态持续下去，老师的确是很为你担心的。因为人在高三，不努力，不勤奋，等待你的结果是可想而知的。这里先让我给你讲一个故事：

有一个人经常出差，经常买不到对号入座的车票。可是无论长途短途，无论车上多拥挤，他总能找到空座位坐。

他的办法其实很简单，就是耐心地一节车厢一节车厢找过去。这个办法听上去似乎并不高明，却很管用。每次，他都做好了从第一节车厢走到最后一节车厢的准备，可是每次他都用不着走到最后就会发现空位。他说，这是因为像他这样锲而不舍找座位的乘客实在不多。在他落座的车厢里经常有若干座位空着，而在其他车厢的过道和车厢接头处，居然人满为患。

他说，大多数乘客轻易就被一两节车厢拥挤的表面现象迷惑了，不大细想在数十次停靠之中，从火车十几个车门上上下下的流动中蕴藏着不少提供座位的机遇；即使想到了，他们也没有那一份寻找的耐心。眼前一方小小立足之地很容易让大多数人满足，为了一个座位背负着行囊挤来挤去有些人觉得不值。他们还担心万一找不到座位，回头连个好好站着的地方也没有了。与生活中一些安于现状、不思进取、害怕失败的人，永远只能滞留在没有成功的起点上一样，这些不愿主动找座位的乘客大多只能在上车时最初的落脚之处一直站到下车。

故事告诉我们：只要艰苦努力地去寻找，只要自信执著地去追求，你一定会握有一张人生之旅永远的坐票。身在高三的你有没有受到启发呢？高校的大门向每一位高三学子敞开着，但目前情况下仍然很拥挤，尤其是想要进入理想的大学，或者是自己心仪的大学和专业，不是嘻嘻哈哈就可以成功的。机遇总是青睐有准备的、勤奋努力的人。所以想要在高考这辆拥挤的列车上获得一张坐票，只有像故事中的出差人那样，一步一个脚印，背负行囊一节节车厢锲而不舍地找过去。找自己的知识薄弱点，各个突破，弥补自己学习态度和学习方法方面的不足，不要患得患失。安于现状、不思进取和害怕失败的人，便永远只能在上车时最初的落脚之处一直站到下车。

“书山有路勤为径，学海无涯苦作舟”，学习之辛苦，人人都知道。但要善于发现学习之乐趣，你必须把学习建立在渴望学习的天性之上。有以下一些方法，可以让你获得学习的乐趣：努力实现设定的学习目标，结合经验与已有的知识来学习可以使你融会贯通，注意学习资料的梳理和整合，发现与创造学习的乐趣，保持学习的高度热忱与动机，善于利用学习时间参与多样化的学习活动，等等。

有一位理科状元，当被问及学习之乐趣时，他说，学习理科可以体味到诸多乐趣，比如解题过程中严密的逻辑思维，一题多解的发散性思维，都蕴藏着一种“美”，那些最终被证明为“真理”的定律、定理都散发着特殊的魅力。课余，他常常跑到图书馆查资料，喜欢阅读科学史、名人传记。他的学习窍门是，除了学好课本知识外，还要扩大阅读面。

对于你而言，除了需要发现学习之乐趣外，还要运用学习中的“韬光养晦”策略，方可在高考中厚积薄发。韬光养晦的核心实际上可以用一个字概括，那就是“忍”。“心”的上面一把“刀”，既描述了处境的危险，又描述了内在的坚持和信念的坚定。孔子也说“小不忍则乱大谋”，高三这一年形同没有炮火硝烟的战场，高三这一年对未来前途命运的书写至关重要。一年的时间非常短暂，嘻嘻哈哈，可能一眨眼的工夫就临近高考了。常言道“缺什么，补什么”，眼下你需要做到的是，要忍住现在的“玩心”，用高考这张无形的网，将你那贪玩的、不与别人比拼的本性牢牢捆绑，排除掉所有干扰学习的因素，用昂扬的士气，用辛勤的汗水，做一只浴火重生的凤凰去搏击高考，去创造属于自己的辉煌。

小贴士　取得之前要先学会付出

有一个人在沙漠行走了两天，途中遇到暴风沙。一阵狂沙吹过之后，他已认不得正确的方向。正当快撑不住时，突然发现了一幢废弃的小屋，他拖着疲惫的身子走进了屋内。这是一间不通风的屋子，里面堆了一些枯朽的木材。他几近绝望地走到屋角，却意外地发现了一座抽水机。

他兴奋地上前汲水，却任凭他怎么抽，也抽不出半滴水来。他颓然坐地，却看见抽水机旁有一个用软木塞堵住瓶口的小瓶子，瓶上贴了一张泛黄的纸条，纸条上写着："你必须用水灌入抽水机才能引水！不要忘了，在你离开前，请再将水装满！"他拔开瓶塞，发现瓶子里果然装满了水！

他的内心开始斗争……如果自私点，只要将瓶子里的水喝掉，他就不会渴死，就能活着走出这间屋子！

如果照纸条做，把瓶子里唯一的水倒入抽水机内，万一水一去不回，他就会渴死在这个地方了，到底要不要冒险？

最后，他决定将瓶子里唯一的水，全部灌入看起来破旧不堪的抽水机里，以颤抖的手汲水，水真的涌了出来！他喝足水后，将瓶子装满水，用软木塞封好，接着在原来那张纸条后面再加上自己的话："相信我，真的有用，在取得之前，要先学会付出。"

寻找密码，产生抗体，增进健康

孙晓青老师：

您好！我是一名高三学生。近来我的小伙伴桃子总是对我说她不喜欢来学校。每次上学的时候她就感觉不舒服，说不出为什么，就是不想来学校，一来就感觉心情很沉重，但是放假的时候就好很多。这种情况不是高三才有，她说她从小到大都是这样。我该怎么样帮助她呢？希望您尽快回复可以吗？

暮暮朝朝

暮暮朝朝同学：

你好！从来信中我首先真切地感受到了你的火热心肠，因为你咨询的不是自己的问题，而是你小伙伴的问题。你那份急切地想帮助同学的心情，我很感动。作为一名高三学生，你能够如此关心你的小伙伴，不仅有心愿，而且有行动，实在是一位难得的乐于助人的好学生。

你的小伙伴桃子的问题，从信中你的描述来看，她有一些“学校恐惧倾向”。之所以我用的是“学校恐惧倾向”，而没有用“学校恐惧症”，是因为学校恐惧症的概念是：由于存在各种不良心理因素，学生害怕上学，害怕学习，通过明显的焦虑和躯体症状的结合而体现出来的对上学的非理性的紧张和恐惧。焦虑的症状表现为：心神不安，面色苍白，全身出冷汗，心率加快，呼吸急促，甚至有呕吐、腹疼、尿频、便急等现象。信中没有看到桃子出现上述这些躯体症状，只是“每次上学的时候她就感觉不舒服，说不出为什么，就是不想来学校，一来就感觉心情很沉重，但是放假的时候就好很多”。

但无论怎样，作为一名高三学生，她不喜欢去学校，而且不是高三才有，从小到大都是这样，我觉得还是需要帮助她一起寻找和分析一下原因的，也就是所谓的找到“心灵密码”。

一般来说，不喜欢去学校的原因通常有内因和外因两个方面。内因方面：这类学生的性格特点比较胆小、仔细、敏感、多疑，特别爱面子，经不起批评。外因方面：这类学生的家长、老师及本人常期望过高，往往超过孩子心理所能承受的程度，导致孩子心理失衡，逐渐形成焦虑感。不知道你的小伙伴桃子哪一方面的原因更多一些？

在一篇《因为害怕，所以更要直面》的文章中有这样一段文字——

大家都打过预防针吧，那就是把一些对人没有致病害处的减去毒性的病菌或是相应的抗原，注入健康人的体内。然后，你就会轻微发烧，会有一系列不适的感觉。不过，这种感觉并不会导致你真正罹患重病，而是在这样一场模拟的小型疾病演练中，让身体产生抗体，当真正的病毒侵袭而来的时候，你会有足够的储备力量来和它抗争，在第一时间将它消灭，身体才能真正得到安全。……不要因为害怕，就不去思考那些真正重要的事情。哪怕充满了恐惧，我们也要做出决定。

学校恐惧倾向是一种情绪障碍，心理素质和适应能力较差的、在学校经常受到老师批评的、学习成绩不太好的、对新环境不能很快适应的、部分过于追求完美的优秀生等五类学生是“学校恐惧症”的易发学生群。

因为不清楚桃子不喜欢去学校的真实原因（她是不是我上述罗列的易发人群之一），所以我只能给出一些笼统的“抗体”，比如：先调整情绪，细心寻找，使她发现校园生活的乐趣——春华秋实、同学情长、师生情谊，让她感觉走入学校有愉悦感。然后是对学习压力的调整，自我减压，寻找心理辅导老师的支持性心理辅导，让心理辅导老师给予她疏导、鼓励，耐心询问，对她的担心与焦虑做出解释和指导，设法改善环境条件，等等。也可以请心理辅导老师为她做一些辅助性的放松训练，如系统脱敏疗法等行为疗法。如果是她的家长对她要求过高，导致她压力过大，那么需要调整的是她家长的心态。因为家长期望太高易使这些孩子在不良的性格基础上增加心理压力，促发孩子产生学校恐惧倾向。

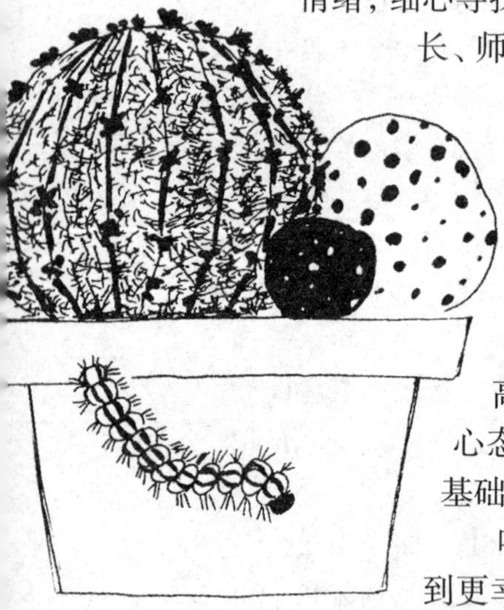

哈佛大学的泰勒·本-沙哈尔博士在一场“从幸福到更幸福”的演讲中说到五个非常简单的使自己幸福的方法：“接受我们作为人类会有痛苦的情绪；定期参加体育锻炼；对我们获得的和将要获得的持有感恩的心；偶尔假装自己很幸福；和你的亲朋好友多多相处，珍视这样的时光。”希望我们能够以此共勉，更希望你能够带动桃子一起以积极乐观的心态面对每一天的生活，使高三的学习生活既充实又愉悦。

小贴士 运用系统脱敏疗法干预“学校恐惧症”

找出所有使求助者感到恐惧或焦虑的事件，让求助者对每个事件给出一个焦虑分数，最小焦虑是0分，最大焦虑是100分。

将求助者报告出的恐惧或者焦虑事件按等级程度由小到大的顺序排列。

序号	事件	程度
1	星期天傍晚收拾书包，为明天的课程做准备	15
2	睡觉时，躺在床上，想到明天要上学，要见到老师和同学，心里有些紧张、害怕	30
3	星期一早上起来，早饭吃得很少，怕迟到，背书包，离开家	45
4	走到超市（离学校300米远），开始紧张害怕，手心出汗	60
5	走到学校旁的小店（离学校100米远），恐惧加剧，感到胸闷	75
6	走到校门口，头出汗，脸色发白，想掉头离开	90
7	走到班级门口，腿迈不动，胃一阵难受，想呕吐	100

请求助者闭上双眼，想象最低等级的刺激事件，当求助者感到有些紧张、恐惧时，停止想象，并全身放松。待求助者平静后再重复上述过程，直到求助者如此想象不再紧张、恐惧为止。

接着让求助者想象高一等级的刺激事件或情境，然后再放松全身，直到想象这一刺激时不再紧张、焦虑为止。如此逐级向上，直到求助者对最高等级的刺激脱敏为止。

督促求助者回家后继续练习放松，努力让自己很快进入状态，并反复想象自己走进校门口和课堂的情景，直到感觉不再紧张、害怕，经常去校门口走走，消除恐惧心理。

对于一颗坚定的心来讲，没有什么是不可能的。

——约翰·海伍德

第六辑　逆风飞扬

在生命的旅程中，我们总会遇到一个个考验意志力的逆境。“人生不如意者十之八九”，逆境体验中隐藏着促进自我成长、助你跨越困境的珍贵智慧。高中生活不乏成长的烦恼、学业的压力、升学的挑战等等，当你与这样的一个又一个路口不期而遇时，如果能够增强心理弹性，以坚强的意志力和自控力，怀着感恩、喜悦的心去审视逆境、逆风飞扬的话，生活便充满了诗意。

心中有景，淡定应考

孙老师：

您好！我最近感觉很郁闷，平时做题正确率很高，可是一到正式考试就会出现糟糕的状况：考试时看到稍有难度的题就会头发蒙，思维混乱，但考后我再做时就能正确无误地做出来。现在临近高考，我真担心这种状况会影响高考。有的同学会在考试时超常发挥，可我总发挥失常，怎么办啊？

失落的羊

失落的羊同学：

你好！你这种情况在许多高三学生中都会出现，平时做题正确率很高，一到正式考试就会出现糟糕的状况，比如像你这样看到稍有难度的题就会头发蒙，思维混乱等，严重的甚至头脑一片空白，思维反应迟钝。原来熟练掌握的知识突然想不起来了，一旦考试结束，紧张情绪松弛，头脑中的知识又会跳出来，再做这些题目时就能正确无误地做出来。这种“上场昏”现象在生理学上称为“怯场反应”，临床上称为“考试综合征”。

北京大学附属中学河南分校大河宏志生冯亮同学，高考理科679分，入选清华领军计划，拿到了60分加分。他在微博里引用了罗曼罗兰的这句话：“认清这个世界，然后爱它。”孙老师认为你首先得正确认识考试中出现的“怯场反应”，然后正确对待之。

考试综合征，一般来说，主要有几个方面的原因：一是心理压力过大。由于家长和老师对考生的期望值过高，或考生对自己的要求过高，超过了考生力所能及的程度，以致考生心理压力过大。过度的紧张激动，在大脑皮层形成一个惰性兴奋灶，达到一定强度时，通过负诱导作用，抑制了周围的神经活动，引起植物神经功能失调，出现相关的系列症状。例如，使保持知识相关联的大脑皮层相关部位出现抑制，导致知识障碍。二是心理素质较差。与平素性格内向、拘谨也有一定的关联。这类考生碰到问题，总是“怕”字当头，自卑感重，往往低估自己的能力和知识水平，总是担心自己会考不好，信心不足。三是平时缺乏充分的知识准备，惯于猜考题，存在侥幸心理，一旦开卷后发现猜错题立即心慌意乱而怯场。此外，考前连续“开夜车”，睡眠严重不足造成身心过度疲劳，也会促发怯场。

所以请你先对照一下，自己属于哪种情况以便加以克服，幸好还不是高考，幸好你还有求助老师的意识及强烈的改变的愿望。

这里老师给你讲个故事——

两个身患重病的男人住在医院的同一间病房里。其中一个被允许每天下午在床上坐一小时，以便能更好地排掉肺里的积液。他的床紧挨着病房里唯一的那扇窗户。另一个只能终日仰面朝天地平躺着。这两个人一谈就是数小时。每天下午病床靠窗的那一位可以坐起来的时候，他就向室友描述窗外自己所见的各种景象，以此来打发时间。躺在另一张床上的人非常享受每天这珍贵的一个小时，外界的勃勃生机和多姿多彩使他的世界变得开阔并且充满生气。

“窗外有一座有着秀丽湖泊的公园。水面上，许多鸭子、天鹅在嬉戏，孩子们的模型船在航行。年轻的恋人们手挽着手在色彩斑斓的花丛中漫步，远处颇为壮观的城市建筑群轮廓清晰可见。”当窗边的人极为细致地描述这一切时，病房另一边的人总是闭上眼睛想象着这如画的景致。日子就这样一天天过去了。

一天早上，护士发现靠窗的那个人已在睡梦中平静地去世了。另一个很伤心，他叫来医护人员搬走遗体，并询问能否把他挪到窗边去。护士很乐意地给他进行了调换。当他费劲地慢慢用一个胳膊肘撑起身体，想亲眼看看外面的世界时，他发现他只能看到一堵空白的墙。他问护士，为什么他那已故的室友向他描述的窗外是画一般的美景。护士告诉他，他的室友是一位盲人，他根本看不见那堵墙。

故事告诉我们，如果你心中有景，即使是盲人，也可以拥有美妙的世界。如果遇到重大考试时，你能够想象一下这个故事，闭上眼睛，让自己淡定下来，调整呼吸，在脑海中厘清知识脉络，勾画思维导图，那么我相信你一定会正常甚至超常发挥出你的真实水平，考出理想的成绩。

小贴士 如何应对“考试综合征”

1. 充分的知识准备和清晰的个人定位。

对应考来说最根本的也是最重要的是充分的知识准备，所谓“粮草备足，遇事不慌”。考生可以通过多种方式，比如各种检测、单项训练等，正确认识自己的实力和在班级、学校乃至在当地全部高三学生中的排名位次，从而清楚自己大概可以考进怎样的高校，这对于建立和增强应考自信心大有帮助。

2. 调整学习方式和策略以获得能力提升。

越是临近复习后期越需要知识上的综合，力求把知识融会贯通，加强综合分析能力的提升和运用。此时，如果考生能根据不同阶段的复习内容和所要求的思维方法与策略，适当地对原有的习以为常的学习方法、思维方式和策略进行调整，就会从“山重水复疑无路”，走入“柳暗花明又一村”之境界。

3. 多途径缓解过大的心理压力。

心理压力过大的考生，可以采用松弛、想象、暗示、按摩等方法来调节考试紧张心理。情况实在严重的话，可以在心理医生的指导下，通过药物治疗，以保证考试时注意力集中。但必须注意，药物的种类和剂量必须遵医嘱。必须在考试前事先试用，适应后方能在考试时服用。千万不能自己随便试用，这样可能会因剂量不恰当，反而影响考试状态。药物治疗即使有效，也只能短期使用，切勿形成药物依赖。

风物长宜放眼量

孙老师：

您好！高三阶段一次次的考试都在消磨我的自信心，现在数学150分的卷子，我只考70多分，而许多题目其实我都是会做的，就是不知道考试的时候，我为什么控制不了自己。考场里只要有一点点的声音，比方这次是日光灯的嗞嗞声，我就心慌得不得了。监考老师看出我脸色煞白，问了我情况之后连忙关了那盏灯。可是现在我的状态越来越差，怎么参加高考？我现在都不想上学了，尽管我知道这种想法是不好的，可就是控制不了。我要是考不上大学，怎么对得起爸爸妈妈？他们对我很好的，如果连一般的大学我也考不上，我今后还有什么出路？

看不到前景的云

看不到前景的云同学：

你好！我从信中读到你有比较严重的考试焦虑情绪以及在考试过程中表现出来的躯体症状。这里我先给你讲一个“惊心石”与“平心石”的故事——

自古华山一条道，华山的险是世人皆知的，其山势之陡峭、山路之崎岖，有诗“一尺一千仞”为证。华山有三道险关，出千尺幢不远就是百尺峡，这里是登山第二道险关。其间两壁高耸，中间夹有一块从天而降的巨石，搁在峭壁间摇摇欲坠，上刻“惊心石”三个大字。游人至此，总有一种惊心动魄的感觉，仿佛这块石头真要落下来似的。于是，犹豫者有之，双脚发抖者有之，胆战心惊者有之。可是想要登上华山，又必须从这块石头下面穿过。提心吊胆、硬着头皮走过去之后，再回头看这块石头，它的上面也刻了三个字——“平心石”。游人无不长吁一口气，有一种释然心平的感觉。

这个故事是不是和你现在的心态有几分类似呀？尽管通向成功的道路很多，可是你的眼里只有考大学这一条，不是硬把自己往华山一条险道上逼吗？老师帮你分析一下你焦虑的原因：

1. 夸大了考试与个人前途之间的关系。比如，你信中所说的：“如果连一般的大学我也考不上，我今后还有什么出路？”

2. 几次考试的不如意挫伤了你的自信心，无意中对你造成了负面的暗示：担心考不好。其结果就是形成考不好的恶性循环：陷入极度苦恼中——产生羞愧、失落、自责等复杂的情感——觉得自己不争气，对不起父母，认定自己考不上好学校——惧怕上学、考试——考试时莫名紧张（日光灯事件）——慌了手脚，脑子一片空白——注意力不集中——再次失败。

其实，并不是说焦虑就一定是件坏事儿。心理学研究表明，适当的焦虑能够调动各方面的力量处于一种“临战”状态，使我们对考试做好充分的准备，也可以使学习效率、考试成绩达到比较好的状态和结果。但不能够过度焦虑，否则会压得人喘不过气来。眼下，你需要做的是：

1. 正确认识自我，重树自信。寻找和维护自信的方法既不是来自与他人的盲目比较，也不是来自他人的赞扬或羡慕，而是与自己比较，战胜自我，给自己积极的暗示。重建自信的心理过程应该是：对目标的确信——我一定能够考上大学，我这次能考出好成绩——产生勇气、能力（我能恢复原有的实力）——集中精力和注意力，学会解决问题的技巧和方法——夯实学业基础，获得自信。

2. 去除杂念，悉心准备。眼下需要找出数学学科错题失分的原因，加强复习。悉心准备是强化自信心的重要举措。只有在明确自己的优势和劣势之后，扬长避短，争取下次的月考或模拟考考出应有的水平，由此而获得的自信才是健康、有益的。高考不过是人生旅途中的一个小小的驿站，不要也不可能将其视为人生的终极目标，因为我们身处一个终身学习的时代，只要自己愿学、肯学，条条道路通罗马，成才的道路千千万。去除高考与前途之间的必然联系等杂念，轻装上阵。

3. 放松身心，寻找乐趣。当情绪极差时，比如回家情不自禁地想哭，可以采取放松疗法、音乐疗法，转移注意力，与父母一起散散步，打打羽毛球，达到放松身心、减缓压力的目的。同时告诉自己：学习是高三生活的重要内容，但不是全部内容，有张有弛是必要的，因此需要有适当的调节，有一颗敏感的心善于寻找和发现高三生活的乐趣。

4. 学会与父母沟通，是减轻压力的有效方法。当你向父母倾诉了自己的想法，你会如释重负；当你和父母一起找到了学习不好的原因，你会感到光明在前；当你和父母一起落实了提高学习成绩的措施，你会感到动力无穷。

用毛泽东同志当年和柳亚子先生的一句诗“风物长宜放眼量”与你共勉，无论做人、看问题都需要我们把眼光放长远一点，不被眼前的烦恼所困扰。只要你尽力而为，相信即将到来的高考也一定不会辜负你。

小贴士 数学学习小窍门

1. 记数学笔记，特别是对概念理解的不同侧面和数学规律，以及教师为备战高考而添加的课外知识。

2. 建立数学纠错本。把平时容易出现错误的知识或推理记下来，以防再犯。争取做到：找错、析错、改错、防错。达到：能从反面入手，深入理解；能由果朔因，把错误原因弄个水落石出，以便对症下药；解答问题完整、推理严密。

3. 记忆数学规律和数学小结论。

4. 与同学建立良好关系，争做“小老师”，形成数学学习“互助组”。这样做可以把问题分析得更加透彻，对大家都有益。

5. 多做数学课外题，加大自学力度。

6. 反复巩固，避免前学后忘。

7. 学会总结归类。

(1)从数学思想上归类。

(2)从解题方法上归类。

(3)从知识应用上归类。

8. 要重视对数学概念的理解。学习概念时，仅仅知道概念的字面含义是不够的，还须理解其隐含着的深层次的含义，并掌握各种等式的表达方式。

9. 学习立体几何要有较好的空间想象能力，而培养空间想象能力的办法有二：一是勤画图；二是自制模型协助想象。如利用四直角三棱锥的模型对照习题多看、多想，但最终要达到不依赖模型也能想象的境界。

10. 学习解析几何正确的办法是边画图边计算，要能在画图中寻求计算途径。

让未来的你感谢今天你付出的努力

孙老师：

您好！我是一名即将面对高三的准高三生，眼看就要进入寂寞难耐的奋斗时光了，感觉心里空空的。高二这一年，我没有给自己留下什么值得回忆的东西。有的同学获了作文比赛的大奖，有的获了全国竞赛大奖，自己却什么都没有，很不平衡吧。我不是“官二代”，也不是“富二代”，身为“光二代”被他们压得喘不过气来，不知道明年的高考我是否能够从容应对。我已经做好了打算，如果考不好，就再复习一年，可是下一届的竞争力很强，我怀疑我自己的能力。希望您可以给我这个迷茫的高中生一点指导，谢谢您。

蟹子安

蟹子安同学：

你好！从信中老师读到了你的一点愤愤不平，抱怨自己“不是‘官二代’，也不是‘富二代’”，身为一个‘光二代’被他们压得喘不过气来”，同时也读到了你的一些失落和迷茫，为自己在高二这一年没有取得值得回忆的东西而失落。这种失落是在与同学的比较中产生的，因为有同学在作文大赛中获奖，甚至是全国竞赛的人奖，而你却什么都没有，不平衡的心理自然而然产生。看来你是一个自尊和要强的好学生。孙老师见过太多的学生在别人努力、别人进取时根本无动于衷，依旧我行我素，而你不是，这一点是令人欣慰的。

关于“光二代”，老师想给你说说温家宝总理成长的故事。

温总理在母校南开中学看望师生时说道：“……在我上小学、中学期间，家境十分贫寒。父母和我们三兄妹一直租住在一间不到 9 平方米的小屋子里，每月的房租相当于一袋面粉钱，那时父亲月工资最低时只有 37 元。我患过一次白喉，父亲把仅有的一块手表卖掉，买药给我打针。此后，他多年没有戴过手表。因为经常目睹普通百姓生活的艰辛，我从小就富有同情心，这尤其表现为对普通百姓特别是穷人的同情，对不公道事情的憎恶。一种朴素的平等观念在我的心中萌生：人人生而平等，社会的每一个成员都应平等相处。……我是个善于思考的人，我总是把书本里学到的东西同现实加以比较，立志为改造社会而献身。……”（《温家宝谈教育》，人民出版社 2014 年版）

所以，老师想告诉你，每个人的出身既不能选择也不能代表什么，

"富二代"和"官二代"毕竟是少数，大多数人都是"光二代"，你说呢？贫穷反倒是成长过程中的一种磨砺和锻炼，温总理在贫困的家境中学会思考，学会担当，立志成才。我想同样善于思考的你，也一定会从中得到启示：正是因为你没有富裕的家境、显赫的权贵可以仰仗、可以依靠，你的成长道路更需要努力，更需要奋起而不是抱怨。知道了这一点后，我想你就会走出迷茫，因为你有强烈的改变自我的动机和愿望。

世界第一成功导师、世界第一潜能开发大师安东尼·罗宾提出了"必定成功公式"：第一，明确目标，决定你所要追求的是什么；第二，详细计划；第三，立刻行动；第四，如果行动方向有偏则进行修改，以能达到目标为准；第五，坚持到底。这个公式应该是无懈可击的，按照这些无比正确的道理行事，理论上也必定成功，建议你不妨试一试。

作为一名即将进入高三的学生，明确你高三这一年的目标是什么显得尤为重要。尽量不要给自己太多的理由和退路，你信中提到："不知道明年的高考我是否能够从容应对。我已经做好了打算，如果考不好，就再复习一年，可是下一届的竞争力很强，我怀疑我自己的能力。"这个想法和做法，老师是不赞成的。按老师这么多年的教学经验，高三这一年要尽可能一气呵成，一举实现考上理想大学的目标。复读实在是万不得已的下策，并且没有足够的毅力和超强的心态，复读一年的结果往往还不如第一年高考的结果。更何况你说下一届的竞争力很强，比赛尚未开始，你已经在心理上输给下一届的学生了，甚至还怀疑自己的能力，这条路你怎么能行得通呢？

"Do something today that your future self will thank you for！"让未来的你，感谢今天的你所付出的努力。你现在所做的事、读的书、结交的朋友，决定你今后成为什么样的人！要让一年后的你，感激今天的你，就从现在开始行动吧！少一点空虚迷茫，经受住高三这一年的寂寞难耐。梅花香自苦寒来，让身处高三的你每一天都过得异常充实——和自己比较：我在努力，我在进步，我掌握了新的知识……相信等待你的一定是预想中的惊喜，记得到时候别忘了和孙老师一起分享！

小贴士 天道酬勤——勤勉不懈方能成功

勤奋永远都是成功不可或缺的要素，因此对于每个人来说，勤奋是必需的，天才需要勤奋，笨拙的人更需要勤奋。俗话说，一勤天下无难事。

爱迪生说：“天才是百分之九十九的汗水加上百分之一的灵感。”当成功者审视付出和结果时，大部分人都坚定地认为，在这个过程中埋头苦干占了很大比重。换句话说，如果我要成为所谓的天才，就必须要非常勤奋才行。我想我们必须重新整合我们的投入，更多地关注创新、交流和学习等方面，多一些计划，多一些付出。

天道酬勤，命运可以随着勤奋而慢慢改变。让勤奋成为自己的一个好习惯，它就会成为你不断进步发展的阶梯。如果你希望一件事快速而圆满地完成，那就认真和勤奋一点，不要让懒惰吞噬你的心灵。如果你永远保持勤奋的学习态度，你就会赢得自信，赢得成功。如果你勤勉不懈地去争取，昨天的梦想，可以是今天的希望，并且可以成为明天的现实。

回避、退缩，还是勇敢迎战？

孙老师：

您好！我是一名高三学生，突然觉得高考不那么重要，只是生活的一部分，因此我静不下心来学习，感到对学习的厌倦。我开始不做老师布置的作业，我觉得自己是在找一个冠冕堂皇的理由不去奋斗，好让自己心安理得地过随遇而安的生活，但我又感到忧虑，该怎么办？

Twinkle

Twinkle 同学：

你好！读你的来信感觉出你目前纠结的核心问题是怎样做出选择，即你以怎样的姿态和行动来度过高三这一年的生活。是选择回避、退缩？还是选择勇敢迎战？要知道在我们的人生旅途中，选择，可能是一小段幸福的开始，也可能是一小段痛苦的开始，最需要我们勇气的是选择时的决断，最让我们疲惫的是选择后的坚持。我们一定要明白，永远只会是我们选择了生活，而不是生活选择了我们！

老师其实并不能替你做主，我能做的只是帮你厘清一下思路：选择每一条道路，你可以自己在白纸上罗列一下踏上这条道路的优劣之处及对自己未来的可能影响，从而通过趋利避害的方式决定选择怎样的道路。

比如，选择回避、退缩，你可以给出理由：高考不那么重要，只是生活的一部分。行动上便是静不下心来学习，感到对学习的厌倦，开始不做老师布置的作业……。好处：让自己心安理得地过随遇而安的生活，不太紧张，也不用熬夜，不用在高三这一年里抓紧每一分每一秒。坏处：不一定能考上什么好的大学，或者根本考不上大学，十二年寒窗苦读，仅仅换来一张高中毕业证书。

选择勇敢迎战，你可以给出理由：高考对于每一位高三学生来说，就那么一次，此时不搏更待何时？千千万万的高三学子通过勤奋苦读考上了心仪的大学，他们能够坚持，我为何不可？在这样的理由支配下，你行动上便会像其他同学那样挑灯夜战，没有胡思乱想的时间，而是分秒必争地去迎接一次次考试直到高考的来临。好处：通过努力考上理想的大学，给自己的高中生活画上一个圆满的句号。坏处：有铺天盖地的作业和卷子要做，需要熬夜，消耗体能，会很疲劳、辛苦，会出现倦怠期、高原期等，也可能出现考试失利。

这里老师给你讲一个故事——

古希腊哲学大师苏格拉底的三个弟子曾求教老师，怎样才能找到理想的伴侣。苏格拉底没有直接回答，而是让他们走麦田埂，只许前进，且仅给一次机会选摘一支最好最大的麦穗。第一个弟子走几步看见一支又大又漂亮的麦穗，高兴地摘下了。但他继续前进时，发现前面有许多比他摘的那支大，只得遗憾地走完了全程。第二个弟子吸取了教训，每当他要摘时，总是提醒自己，后面还有更好的。当他快到终点时才发现，机会全错过了。第三个弟子吸取了前两位的教训，当他走到三分之一时，即分出大、中、小三类，再走三分之一时验证是否正确，等到最后三分之一时，他选择了属于大类中的一支美丽的麦穗。虽说，这不一定是最大最美的那一支，但他满意地走完了全程。

故事的启示是：选择总会有遗憾；机会错过了，可能什么也得不到；享受过程，即使最终的结果不一定是最好的，但因为过程是美丽的，自己便觉得满意了。

随遇而安的生活果真是你向往的吗？为何你又感到忧虑呢？说明内心深处的你还是不甘平庸的，只是怕吃苦的念头在作祟吧。不是很多学校的高三教室里都写了这样的标语吗："你白吗？你富吗？你美吗？你高吗？你富吗？你帅吗？没有的话，那滚去读书吧！"

扪心自问一下，你父母有很好的背景吗？你家庭很富裕吗？是不是你不需要通过努力，美好的前途就可以唾手可得？

无论怎样，选择的权利都在你的手中！最后还是以苏格拉底的故事做结尾：尽自己的努力享受高三生活的一路艰辛和风景，因为过程是美丽的，结果已不重要，你的内心至少了无遗憾，你说呢？

小贴士 关于勤奋的名人名言

★人生在勤，不索何获。

——张　衡

★业精于勤而荒于嬉，行成于思而毁于随。

——韩　愈

★天才就是无止境刻苦勤奋的能力。

——卡莱尔

★聪明出于勤奋，天才在于积累。

——华罗庚

★勤劳一日，可得一夜安眠；勤劳一生，可得幸福长眠。

——达·芬奇

★形成天才的决定因素应该是勤奋。

——郭沫若

★你想成为幸福的人吗？但愿你首先学会吃得起苦。

——屠格涅夫

★成功＝艰苦劳动＋正确的方法＋少说空话。

——爱因斯坦

★天才就是百分之九十九的汗水加上百分之一的灵感。

——爱迪生

★艺术的大道上荆棘丛生，这也是好事，常人望而却步，只有意志坚强的人例外。

——雨　果

做情绪的主人

孙老师：

您好！我是一名高二学生，最近我的学习压力特别大，我很努力地学习，却考不了高分数，十分苦恼。另外，我的情绪总是飘忽不定，经常一件不好的小事就会影响我的心情，然后影响学习，我该怎么办？

浩瀚星空

浩瀚星空同学：

你好！让我们先来处理你的情绪问题，好吗？青春是人生中一段最美丽的旅程，它属于鲜花和歌声；青春是最富创造力的七彩调色板，你可以为它涂抹出最美丽的色彩。然而，在这青春季节里，也会有淫雨霏霏，花季的少男少女都可能会面临迷茫困惑。所以，你信中所说的“我的情绪总是飘忽不定，经常一件不好的小事就会影响我的心情”，老师很能理解，也不光是你一个人会有这样的表现，大多数处于青春期的孩子多少都会表现出一些敏感、自卑、焦虑甚至抑郁的倾向。

这里老师给你讲一个牛仔裤 Levi's 品牌创始人李维斯的故事——

1853 年，想要成功的梦想激励着德国犹太青年李维斯（Levi Strauss），他加入了美国西部大淘金的人群中。还没开始淘金，一条宽阔的河流就挡住了他的去路，如此大的困难阻碍了他，让他沮丧万分。可是在沮丧之余，他想起幼年时爷爷告诉他的一句话：“真是太棒了！这样的事情竟然发生在我的身上，又给了我一次成长的机会。凡事必有因果，必有利于我。”于是，他心里充满了激动与自信，果断变阻力为动力。很多去淘金的年轻人都被大河拦住了去路，因此李维斯想到要在这里做个皮筏，专门载人过河。他想到了就立刻去做，几年后，政府在附近建了一座桥，李维斯的生意没有了。他只好继续踏上淘金之路，他用摆渡赚到的钱买了些工具，支起了帐篷，开始了他的淘金生涯。没想到厄运再次降临，当地的恶人说他没有交保护费，砸了他的帐篷，没收了他的工具。此时的李维斯再次想起爷爷的那句话，于是，奇迹发生了。李维斯发现路上遗弃着很多帐篷，他就把这些帐篷的面料拆卸下来，缝制成了裤子。这种裤子耐磨、实用、耐脏，因此广受当地牛仔和淘金者的欢迎。于是，李维斯索性开了一家专门生产帆布工装裤的公司，并以自己的名字“Levi's”作为品牌，李维斯（Levi's）牛仔裤的神话也由此展开。

故事告诉我们，李维斯没有在接二连三的打击面前，被消极的情绪困扰和绑架，而是以乐观的心态面对挫折，以自信来应对坎坷，表现出他的独特魄力与韧性。心理学认为，积极的情绪具有强大的思想动力和内驱力。积极的情绪体验，会增强个体的心理弹性，使人从应对压力和消极的情绪体验中迅速有效地恢复，并灵活地改变以适应环境。

这里也就回答了你的第二个困扰：“我的学习压力特别大，我很努力地学习，却考不了高分数，十分苦恼。”直面压力，需要学会分析压力的来源，是在与他人的成绩比较中产生的压力还是你的自我加压？是老师、家长给你的外在压力还是来自你自己内心的压力？你很努力是你主观的自我判断，还是他人对你的评价？属不属实？因为你没告诉我，所以需要你进行自我分析。

老师教给你一个提升积极情绪体验的关键途径——在你的日常生活情景中更加频繁地找到积极的意义。当你面临不愉快时，要以积极的方式重新定义，每时每刻都去建构生活中较小的意义，养成一个积极的思维习惯。比如，首先，了解自己的学习优势，凭借优势行事；其次，寻找尽可能多的支持系统，让你感觉自己不是孤身一人在奋斗；最后，需要始终保持希望，为自己构想一个美好的未来，同时将这个梦想中的未来具体化、形象化，变成可触摸的目标，在自己的生活中引领自己发展并起到导航作用。只有做自己情绪的主人才能把自己放在自信、坚韧、乐观的轨道上。

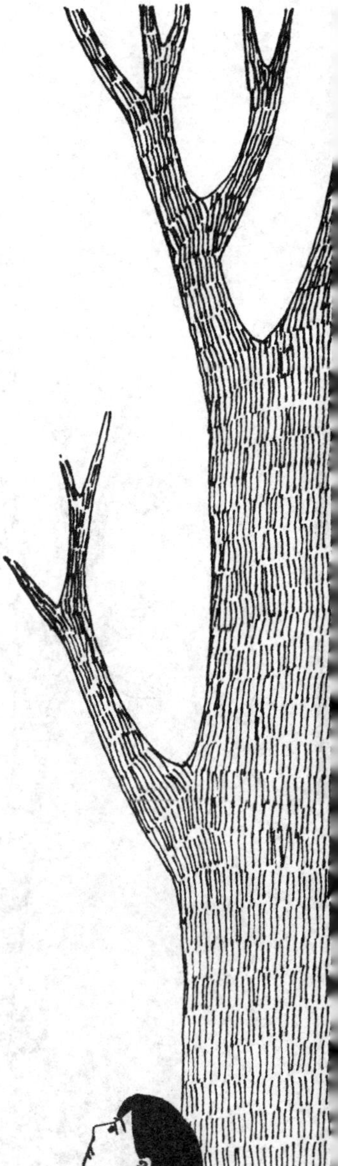

小贴士 怎样调控情绪

情绪是人的心理活动的重要表现，它产生于人的内心需要是否得到满足。人的情绪在某种程度上还反映了人对外界事物的态度。从这个意义上来说，情绪是人的内心世界的“窗口”。

青少年的情绪特点：比较敏感，但不稳定；比较强烈，但相对脆弱；变化迅速，但不持久；容易冲动，缺乏理智控制。怎样合理地去调控情绪呢？

1. 注意转移法。

回避法——改变注意焦点，分散注意力；做自己平时最感兴趣的事；改变环境；等等。

转视法——从另外一个角度看同一事物，发现其积极意义。

2. 合理发泄法（宣泄法）。

在适当的场合哭一场，向他人倾诉，做剧烈的运动，放声歌唱或大声喊叫，等等。

3. 理智控制法。

自嘲法——自我解嘲，自我安慰。

心理换位法——与对方交换一个位置，站到对方的角度想问题。

升华法——把情绪引向对自己、对他人、对社会都有利的方向。

拨开迷雾见森林

孙老师：

您好！记得在上个学期的时候，我的状态真的太棒了，上课抢着大声回答问题，天天心里只有学习。但是有一次，我和一个男生同桌，他说我回答问题太大声影响他学习。我那时真的很想不通，不知道该怎么办，问了好多人，一个人一种想法，我总觉得是自己的问题，是自己爱出风头，但我又放不下，因为大声回答问题是一种提神的好方法。我现在真的好羡慕那些上课大声回答问题的同学，但自己却不敢做了。真的好难受。

一个失落的人

自称是“一个失落的人”的同学：

你好！从你的来信中，我可以感受到你是一个心思细腻、善良的同学。当出现问题时，你没有去找别人的原因，而是先找自己的原因。对于你所面临的一些困惑，我想从一个故事说起。

一位秀才进京赶考，考试前两天他做了三个梦。第一个梦是梦到自己在墙上种白菜。第二个梦是下雨天，他戴了斗笠还打伞。第三个梦是梦到跟心爱的女人躺在同一张床上，却背靠着背。这三个梦似乎有些深意，于是，第二天秀才赶紧去找算命先生解梦。算命先生一听，连拍大腿说：“你还是回家吧！你想想，高墙上种菜不是白费劲吗？戴着斗笠还打伞这不是多此一举吗？跟心爱的女人躺在一张床上，却背靠背，不是没戏吗？”秀才一听，顿时心灰意冷，回到客栈收拾包袱准备回家。店老板非常奇怪，问：“你不是明天就考试吗？为什么今天要回乡？”秀才将他做的梦及算命先生解梦的事说了一番。店老板乐了：“哟，我也会解梦的。我倒觉得你这次一定要留下来。你想想，墙上种菜不是高中吗？戴斗笠打伞不是说明你这次有备无患吗？跟你心爱的女人背靠背躺在床上不是说明你翻身的时候就要到了吗？”秀才一听，觉得很有道理，于是精神振奋地参加考试，居然中了个探花。

为什么同一个梦，解析却大为不同呢？这是因为解梦人的个人经历不同，他们对于梦的态度也就不同。态度决定了我们的生活，有什么样的态度，就有什么样的未来。积极的人，像太阳，照到哪里，哪里亮；消极的人像月亮，初一、十五不一样。

对于高中阶段的你们而言，目前是一个敏感脆弱的时期，学业上的压力让你觉得自己孤单、焦虑。通过你的来信我觉得你的内心需要一种归属感，你除了希望得到老师的理解与支持外，也希望在班级、同学间能被接纳，想寻求同学、朋友的理解与信任，这也很容易理解。不管是在家庭、学校，还是在你将来所要踏入的社会里，每一个人都有归属感的需求。

你的同桌说你“回答问题太大声影响他学习”的一番话，已经对你产生了一些影响。我想说的是，我们都不是圣人，不可能让每个人都喜欢自己。其他的同学有因为你大声回答问题而抱怨过你，或者显露出不满吗？如果只有你的同桌是这样的，那么你大可不必为此担忧。你只需要平时多多和他沟通，加深你们之间的相互理解，我相信绝大多数男生都不是小肚鸡肠的人。一旦你做出了努力和让步，他一定看得到，你和他之间的气氛也会慢慢地缓和下来。如果其他同学也觉得你回答问题的声音影响到他们的学习了，那么我觉得可能是因为你的思维很活跃、反应快，其他同学还不知道怎么做时，你就已经知道答案了，你的回答在这个时候就会影响甚至打断其他同学的思路。以后你可以尽量压低自己的声音，或者就在心里默默地回答老师的问题，或者将解题步骤和答案写在纸上让老师看，这样就不会打断其他同学的思路了。相反，大家还会觉得你是一个优秀、谦虚、低调的同学。同时，在平时日常生活中，要注意加强和其他同学的交流，当大家真正了解你以后才会更加喜欢你。

从你的来信当中，看得出你目前的状态是不敢回答老师的问题，而且上课还有些分心，很想回到以前积极回答问题的状态，那么试着一天比一天多回答一些问题，把注意力一点一点地集中到课堂上。每天给自己定一个回答老师问题的数量，当达到自己预定的目标后，给自己一些奖励，例如，一块美味的蛋糕、一段好听的音乐……这样形成习惯后，你就会回到上学期的学习状态。任何行为的改变都不是一蹴而就的，改变是一个过程，你需要的是耐心和自我肯定。

如果说你现在正处于一片迷雾之中的话，那么我希望你靠着自己的努力，勇敢地走出来，很快你的眼前会出现一片属于你的绿色森林，也希望你找回自我，重新回到那个爱发言的开朗的学生！

小贴士 同学交往小秘诀

1. 回音效应——付出什么就得到什么。
2. 自信、开朗的人更有魅力——喜欢你自己。
3. 谁都渴望和他人分享——要适当自我袒露。
4. 话不投机半句多——学会寻找共同点。
5. 快乐是可以传染的——带着你的笑容上路。
6. 人性本善——适当地求助他人。
7. 深刻的第一印象——适度打点你的仪表。
8. 人人都喜欢得到接纳与认可——多给他人真诚的赞美。
9. 幽默永远是一种润滑剂——每天在口袋里装一个笑话。
10. 白天不懂夜的黑——在不了解的情况下不要轻易对他人做判断、下结论。
11. 硬币一定有正反两面，任何事物都是这样——接纳他人的缺点。
12. 世上没有完全相同的两片树叶——允许自己与他人不同，保持自我的个性，也允许他人和自己不同，维护他人的个性。
13. 与他人同穿一双鞋——站在对方的立场和角度寻找“共鸣”。

握住命运之手，让生命开花

孙老师：

您好！我是一名高三学生，现在每天都被一些问题困扰着，精神快分裂了（我甚至怀疑我已经有抑郁症）。在班上，我总觉得那些男同学都讨厌我，甚至有时我大声回答老师的问题都有人在背后骂我。现在上课我不敢回答问题了，可心里很痛苦，经常走神。我想他们讨厌我的原因是我多次找班主任换了座位。我是个敏感脆弱的人，对别人的看法十分在意。我想改，可就是改不了。希望老师您能帮我！

敏感少年

敏感少年同学：

你好！从来信中能看出你的确比较敏感，不知你说的“在班上，我总觉得那些男同学都讨厌我，甚至有时我大声回答老师的问题都有人在背后骂我”，是事实还是你自己的幻听，假如真的有幻听，那的确需要去专业医院做一次全面的检查，由医生给出结论，而不是自己胡乱地下结论：“精神快分裂了（我甚至怀疑我已经有抑郁症）”。

给你讲一个关于美国总统艾森豪威尔的故事。

美国总统艾森豪威尔在童年的时候，有一次晚饭后跟家人一起玩纸牌游戏，连续几次他都抓了很坏的牌，于是就变得很不高兴，老是抱怨。他的母亲停了下来，正色对他说道：“如果你要玩，就必须用你手中的牌玩下去，不管那些牌怎么样！”他一愣，听见母亲又说：“人生也是如此，发牌的是上帝，不管怎样的牌你都必须拿着，你能做的就是尽你全力，求得最好的效果。”很多年过去了，艾森豪威尔一直牢记着母亲的这句话，从未再对生活有任何抱怨，相反，他总是以积极乐观的态度去迎接命运的每一次挑战，尽力地做好每一件事，从一个默默无闻的平民家庭走出，一步一步地成为中校、盟军统帅，最终成为美国历史上第 34 任总统。艾森豪威尔逝世后，约翰逊在给他的哀悼词中称他“勇敢和正直”。他的这种“勇敢”和无所畏惧的性情正是因为母亲当年的教诲：人生如打牌，既然发牌权不在你手里，那么，你能做的只有用你手里的牌打下去，并努力打好，除此以外，你没有任何选择！

故事告诉我们：命运就像故事中的纸牌一样，对每个人都是公平的，命运的缰绳伸向每个人，你不能抓住，只能说明你的无能，抱怨命运不济的人是最没出息的，而那些在命运面前不低头、不灰心，永远勇往直前的人才是命运的宠儿，理应登上成功的金字塔。所以来信中你说你总是觉得男生们讨厌你，对别人的看法十分在意，等等，这些对于一个高三学生来说，真的无关紧要。如果你不改变自己，即使频繁地调换位子，也无济于事。

再给你讲一个故事：思考如何让生命开花。

“怎样让一粒玉米开花？”老师问学生。

“把玉米粒埋进土里，精心培育，让它生根、发芽、开花。”

“还有什么更直接的方法让玉米粒开花呢？”老师又问。

“给玉米粒加热加压，让它变成一朵爆米花。”一个学生答道。

老师肯定了这个学生的答案，每粒玉米都被一层果皮紧紧包裹着，当玉米粒加热加压后，这层果皮能起到锁住里面水蒸气的作用。然而，有的玉米粒因无法承受压力，体内的水蒸气不断泄漏出来，成了不会“开花”的玉米粒；但有的玉米粒却能承受压力的考验，直到最后，才把体内的能量全部释放出来，升华成一朵美丽的爆米花。

“所以，要让生命开花，让一粒‘玉米’开花，一是要给其压力，二是其本身要有承受压力的韧性和坚毅。”老师说。

通过故事，我相信你应该清楚，作为一名高三学生，如果没有生理和心理疾病的话，能够做的就是相信自己，把握你自己的命运，让生命在承受压力后绽放出美丽的花朵。

小贴士　高三学生如何提升抗压能力

高三学生对自己心理压力的正确认知，对减缓或化解心理压力至关重要。现代心理学理论认为，人生中经历着太多的刺激，但只有那些对当事人有意义的刺激才有可能引起心理反应。某一刺激到底对一个人的意义如何，在很大程度上取决于当事人对该刺激的认识和评价。抗击压力、战胜挑战是我们每一个高三学生都期待的，这需要我们积极、主动地出击，调整好自己各个方面的状态。

1. 睡眠是养分。尽可能确保6小时左右的睡眠底线，千万不要因为晚上多熬半小时，使第二天一整天无精打采。如果中午能够让大脑再休息十几分钟，就更有助于下午的学习了。

2. 知识网络是根茎。学习是在头脑的知识网络里增添新的内容、巩固已有的知识。根据各学科的大致内容、每个章节的要点难点尝试构建知识网络图，这样你可以做到了然于胸。

3. 复习策略是催化剂。面对挑战，静心梳理、查漏补缺、整理错题、针对强化、补充知识、提升弱项，或者紧跟老师的复习计划，确保学习连贯有效。

4. 良好情绪是阳光。科学研究告诉我们，微笑状态下的人能更好地完成任务，提高学习效率。

做喜欢自己的“达人”

孙老师：

您好！我现在是一名即将进入高三的理科生，由于多次的考试失败，我已经绝望了（在读高中前我一直是优秀的，现在在班里的名次却是倒数，我曾经幻想着考入武汉大学，如今我想都不敢想）。现在只要进入学校，我就有一种莫名的怒火，讨厌班上的同学，讨厌老师，讨厌他们对我不闻不问。可我又很矛盾，想这样不仅辜负了父母的期望，也害了自己。真的，这样很累，压得我快崩溃了，我到底该怎么办啊？

困惑的 boy

困惑的 boy：

你好！从字里行间我读到了你的困惑，你的困惑在于进入高中之后学习成绩下降，落到班级倒数的地步，于是你对自己失望了，甚至有了绝望的念头，感到自己对不起父母，快要崩溃了。这里我想告诉你一个关于上海东方卫视 2010 年度《中国达人秀》节目中的冠军刘伟的故事。

刘伟是北京人，1987 年生，10 岁时发生触电意外导致他失去双臂。之后，他并没有因此而消沉，而是凭着超凡的毅力每天坚持 7 个小时的钢琴练习，一年内就达到了钢琴 7 级的水平。且看他的坚强语录："我能像正常人一样生活，养活自己，虽然我体会不到拥抱别人的幸福感，但我能够在琴声中感受到更多的幸福。""摆在我面前的只有两条路：要么赶紧去死，要么精彩地活着。""刚开始困难简直是一座山，但是后来通过努力拿到全国第一时，再回头看那困难只是一个小小的台阶。"……

与刘伟失去双臂还能感受到那么多的幸福相比，你的考试失败、你的绝望是不是多少显得有点无病呻吟？学习成绩下降是不是只能算是一个很小的生活事件？你却因为这么小的一个生活事件而情绪低落，无端地莫名发火：讨厌班上的同学，讨厌老师，讨厌他们对你不闻不问。

你知道"黄金定律"吗？它的意思是：你希望别人怎样对待你，你就应该怎样对待别人。世界上许多事情都是在"黄金定律"的支配下进行的。也就是说，喜欢和讨厌都是相互的，试想你不喜欢别人，你动不动就对别人发无名火，别人会喜欢你吗？解决的办法是从喜欢自己开始，做一个喜欢自己的“达人”——喜欢自己拥有一副健康的身体，喜欢自己拥有智慧的大脑，喜欢自己拥有父母的关爱……不是有这样一段文字吗？

你改变不了环境，但你可以改变自己；
你改变不了事实，但你可以改变态度；
你改变不了过去，但你可以改变现在；
你不能控制他人，但你可以掌握自己；
你不能预知明天，但你可以把握今天；
你不能样样顺利，但你可以事事尽心；
你不能左右天气，但你可以改变心情；
你不能选择容貌，但你可以展现笑容；

你不能延伸生命的长度，但你可以决定生命的宽度，换一种心情看世界，我们就会少些忧愁与烦恼，多些开心与快乐！

从你开始喜欢自己的那一刻起，你就会找到自信的钥匙。你看过中央电视台体育频道一则关于刘翔的广告短片吗？当“亚洲飞人”刘翔飞速地跨过一个个设在跑道上的障碍，飞抵终点时，观众的耳边响起了他自信的声音：“生命就是一个个赛程，每人每天都在跨越障碍，相信我，专心去做，每个人都能成为刘翔，谁都有机会拿自己的冠军！”是的，成功成才没有公式套用，眼下的你学习上取得进步就是成功，努力“做最好的自己”，你做到了吗？检查自己学习中的问题所在，每天的学习做到课课清，堂堂清，“今日事，今日毕”，预习到位，上课认真听讲，不懂就问，及时复习，查遗补缺，使自己每天都在原有的基础上取得进步，每天都在向成功迈进，这样你就会越来越喜欢自己，喜欢学习，喜欢学校，喜欢高三生活。于是，你会豁然发现，成功已经向你露出了笑脸。

小贴士 “黄金定律”与“白金法则”

“黄金定律”是一个古老而值得尊重的论断，它的意思是：你希望别人怎样对待你，你就应该怎样对待别人。世界上有很多事情都是在“黄金定律”的支配下进行的，它已经获得人们的普遍认同。你希望别人对你微笑，那就从你对他人微笑开始；你希望别人对你真诚，那就真诚地对待他人；你希望别人对你予以肯定，那就从发现和肯定他人开始。这就是黄金定律的内涵。信息时代的来临，人们对“黄金定律”做了进一步的完善和发展，这就是“白金法则”。

“白金法则”是这样的：别人希望你怎样对他，你就怎样对他。当然，“白金法则”并不是说我们要毫无原则地对待世界上的任何人，而是强调我们应该发现、认同并赞扬他人秉性中美好、善良与独具特性的成分。如果我们能向“白金法则”描述的那样，学会“读”懂他人的美好与善良，准确识别他人的个性或风格，调整我们自己的行为方式，就可以减少和避免冲突及不愉快的发生。

使人喜欢你的方法（摘自卡耐基《人性的弱点》）：

1. 摒弃偏见，才能拉近距离。
2. 善于倾听。
3. 避免不必要的争论。
4. 把意见裹上一层糖衣。
5. 感谢别人的建议。
6. 微笑的魅力。
7. 真诚的赞美。
8. 谈论对方感兴趣的话题。

朝着目标“金字塔”努力

孙老师：

您好！我是一名高三学生，面对高三心里有说不出来的感受。还有几个月就该高考了，但现在我心里竟然有“赶快毕业”的念头。那种念头很强烈，只要在自己分心的时候就会不停地出现。看到其他同学都在埋头苦学，看到自己考试后的成绩进步不大，我都怀疑自己会不会坚持到几个月后的高考。我知道现在只有自己尽最大努力才能实现自己的目标，可我怎样才能撵走脑子中“赶快毕业”的念头呢？

叶　凡

叶凡同学：

你好！看了你的来信，我能深切体会到你面对的压力。

每一次的努力和那个始终不如意的结果总是显得那么不相称；每一次鼓起勇气、充满信心却总以失望而告终；看到别的同学都在快马加鞭、全力以赴，而你却怎么也没办法调集所有精神资源来面对高三现阶段的学习和那个日益临近的高考。为此，你感到挫败、无力，甚至有一点灰心丧气，对吗？

其实，老师想告诉你：几乎所有人，面对高考、面对在准备的路途中不太如意的重要考试，都会有这样那样类似的反应。那些越挫越勇的故事不是都有一段焦虑彷徨的开头吗？与其说是“赶快毕业”这个念头时不时冒出来打扰你，不如说是高考的紧迫和你的不在状态给了你更多的焦躁和不安。

很高兴看到你的来信，尽管信里的文字散发着你不安的信息，但给我写信这件事本身就代表着你内心强烈的改变动力和不息的生机。现在离高考还有几个月的时间，一切尽在掌握之中，诚如耐克公司的广告：“Nothing is impossible！”（没有不可能的事！）你需要的是抓住你的这股心理能量，把它用在你需要的地方，而不是浪费在焦虑和彷徨之中。

有这样一个小故事：

美国专栏作家威廉·科贝特年轻时辞掉报社的工作，一头扎进创作中去，可他心中的“鸿篇巨制”却一直写不出来，为此他感到十分痛苦和绝望。

一天，他在街上遇到了一位朋友，便不由得向他倾诉了自己的苦恼。朋友听了后，对他说："咱们走路去我家好吗？""走路去你家？至少也得走上几个小时。"朋友见他退缩，便改口说："咱们就到前面走走吧。"

一路上，他们走走停停，不知不觉，竟走到了朋友的家里。几个小时走下来，他们都没有感到一点累。在朋友家里，威廉 科贝特听到了让他终生难忘的一席话："今天走的路，你要记在心里，无论你与目标之间有多远，都要学会轻松地走路。只有这样，在走向目标的过程中，才不会被遥远的未来吓倒。"

就是这番话，改变了威廉·科贝特的创作态度。不知不觉间，他写出了《莫德》《交际》等一系列名篇佳作，成为美国著名的专栏作家。

这个故事告诉我们，你要分析自己和目标之间到底有多远。谁都知道目标的力量是巨大的，但设定目标就像建一座"金字塔"那样，需要从眼前着手，从可行处入手。只要去做，总是在不断地接近目标，朝着你的目标"金字塔"努力，对吗？

老师认为，当务之急你需要制定一个具体细致、切实可行的目标，然后再给最临近的一次考试设定一个稍微高于现有水平但"跳一跳能触摸到"的目标。比如，给每一门科目都设定实在的目标，不要以分数为单纯的评价，可以细化到对每类题目的掌握程度，从简到难，什么地方必须拿下，什么地方允许自己放手，保证能完成自己能力范围内的任务。现在的每一天都是积累的过程，是量变的过程，心无旁骛地前行才能守得云开见日出。

走向高考的漫漫长路上，你并不是孤身一人在战斗，身边的同学、老师、父母都是你可以依靠的支持系统。有机会找他们聊聊你感兴趣的话题，与同学一起回忆：曾经嬉笑打闹的青春飞扬的日子……交流的过程，可以帮助你释放压力，转换思路，使你懂得知足惜福，珍爱高三生活。当繁重的作业让你感到心烦气躁时，不妨先放一放案头的东西，看一段精彩的故事，听一曲美妙的音乐，或者痛快淋漓地打一场球，等心情平复后再去完成作业，说不定你就释然开怀了。

最后，记住高三阶段保证睡眠、饮食、正常的生活节律是最为根本的，因为你不是铁人，更不是超人。精力充沛才能迎接每一个挑战！

小贴士 缓解压力的5项训练

学会如何解压是当我们面对压力时必须具备的一项能力——排除压力需要具体的方法，下面的一些建议你不妨试试：

1. 学会丢包袱。

生活中繁杂的事务会分散我们宝贵的时间和精力，使我们没有充足的时间和精力去执行最重要的事情。这时，你会感觉到很大的压力。有效的办法是先分析一下什么对你是最重要的，哪些事情是次要的，重要的事情先做，次要的少做或不做，这样就可以为自己赢得宝贵的时间。

2. 善待自己，放低标准。

不要对自己太苛刻，至善至美只是一个遥远的梦，摆脱完美主义的束缚吧！不要妄想把所有的事情都干得完美无缺。适当放低一下标准，放松一下自己的心情，或许在客观上也减轻了别人的压力。

3. 远离虚荣。

生活中许多压力完全由于自己的虚荣心而导致。比如：穿名牌时装，用高档化妆品，住漂亮豪华的房子……无端地增加了自己的压力。金钱、名誉、地位如同过眼云烟，却常常被人视为最重要的东西，为之所累。学会真正地享受生活，摆脱虚荣。

4. 给自己留一点儿思考的时间。

压力的产生可能因为过分夸大了事情的重要性和后果，导致心理负担加重。留一点儿时间思考能让你更清楚地看到事情本来的面目，同时也给了自己一个解剖情绪、分解压力的机会。

5. 不要忘了休息。

适当的休息不但会缓解大脑疲劳，而且可以放松紧张的心情，减轻心中的压力。

后记

校对完这本《读信·读心——高中生心理读本》，蓦然发现我从事学校心理健康教育已二十年了。在当今这个快速发展的时代，能够二十年如一日，坚持自己的教育梦想，用心做老师，我为自己的努力和坚持点赞。从一封封来自全国各地高中生的来信中，我仿佛看到一双双渴求援助的眼睛。这些年来，我把他们当作自己的孩子，每次回信，都会用整个身心与之对话，期盼通过我的文字给陷于困境中的孩子们点亮一盏心灯。“青春，是点燃烟花的火，是滋养树木的肥。但在青春的途中，我们会迷茫，会不安，会找不到理想的方向，如迷雾缭绕。我们需要驱散迷雾的灯塔，更需要一位人生的导师。因此，我认为晓青老师就是这样一位合适的导师，指引着我们前行。”这是学生给我的鼓励，也是激励我前行的动力之源。

看过这样一句话：“在生命中，我们遇到的每个人，都是有来由的；遇到的每个人都分享过生命中的一点时间。”2016年，我非常意外而惊喜地找到了失联多年的安徽师范大学美术系1987级老友赵志文，他如今已是上海出版印刷高等专科学校艺术设计系的教授。他为此书的装帧设计与制作，付出了大量心血。同时，他还帮我请到曾为著名设计公司的艺术总监、年轻有为的设计师吴恒，为此书精心配上了主要的插图。活泼多变的版式设计与一幅幅生动有趣的插图，使这本原纯文字的图书成为一本饶有趣味的中学生绘本读物。同样，令我感动的是安徽师范大学姚本先教授，当时他刚接任合肥师范学院副院长，虽然诸事繁多，却一口答应为本书作序。当年与姚师兄一起在《师大青年》激扬

文字的画面仿佛仍在眼前，而时光列车已经飞逝二十多年。还有为此书作序的张海校长，是他让我在上南这块天地里发挥潜能，创意工作，展示才华。他对学校心理健康教育工作的高度重视，为我的成长搭建了平台。

感谢所有给过我各种教诲的师长。感谢我的父母家人这些年来对我的悉心呵护，让我工作至今，从来无需操持家务琐事，过着似乎不食人间烟火的自在日子，让我可以有充足的时间在我喜欢的书林籍海中从容漫游，从事自己觉得既有兴趣又有价值的事情。

如果说教师是“人类灵魂的工程师”，那么我想说，心理教师可能是“人类灵魂工程师的工程师”，这其中除了有对心理教师这份工作的偏爱之外，更多的是社会责任感和教师的使命感。展望未来，我将永远以一颗年轻的、充满激情的心对待心理健康教育工作，用心做一名深受学生喜爱的新时期魅力教师。

孙晓青

2017年1月14日